기독교문서선교회 (Christian Literature Center: 약칭 CLC)는 1941년 영국 콜체스터에서 켄 아담스에 의해 시작되었으며 국제 본부는 미국 필라델피아에 있습니다. 국제 CLC는 59개 나라에서 180개의 본부를 두고, 약 650여 명의 선교사들이 이동도서차량 40대를 이용하여 문서 보급에 힘쓰고 있으며 이메일 주문을 통해 130여 국으로 책을 공급하고 있습니다. 한국 CLC는 청교도적 복음주의 신학과 신앙 서적을 출판하는 문서선교기관으로서, 한 영혼이라도 구원되길 소망하면서 주님이 오시는 그날까지 최선을 다할 것입니다.

추천의 글

장 순 흥 박사 | 한동대학교 총장

젠더주의를 성경적 관점에서 이해하기 쉽고 현실적으로 설명해 주는 좋은 책으로서, 누구나 부담없이 읽고 올바른 가치관을 세워나갈 수 있는 발판이 될 것입니다. 역사적 배경과 시대적 흐름을 바탕으로 잘 풀어낸 이 책을 기쁘게 추천합니다.

정 양 희 목사 | 부산 온누리교회 담임, 전감독

21세기는 인류와 교회 역사상 암울한 '위기의 시기' 임이 분명합니다. 동성애, 성전환 등의 쓰나미가 국가와 거룩한 교회에 마저 침투해 오고 있습니다. 방향을 상실한 지도자들이 반성서적 반인륜적 삶의 방식을 적극 지지하고 보호해야 한다는 착각에 빠져 있습니다. 너무나 두렵고 무서운 죄악들이 영화가 아닌 21세기 오늘의 사회에서 벌어지고 있습니다.

그러나 이제 어두운 옛 시대가 지나고 새 시대가 열렸습니다. 궤도을 이탈한 젊은이들과 지도자들 모두 돌아서야 할 때입니다. 이런 전환기에 처한 상황에서 예수와 동성애의 현실을 밀접히 연결시켜 알기 쉽게 올바른 규준을 제시해 보이는 이 책을 교회와 사회에 강력히 추천합니다.

윤 신 자 | 전 초등 중등 교사

청소년들과 어린이들에게 동성애를 퍼뜨리는 퀴어 축제는 하지 말아야 합니다. 동성애는 하나님 말씀에 어긋나며 인간 존재와 가정을 근본에서 파괴하는 죄이기 때문입니다. 교회는 동성애를 수용해서는 안 되며 동성애자가 교회에 온다면, 속히 그 행위를 벗어나야 합니다. 젊은이들과 지도자들이 미혹당하는 이 시기에 꼭 필요한 책이 출간되었습니다. 삶의 바른 방향을 보여 주는 이 책을 적극 추천합니다.

트럼프 대통령의 새 시대와 동성애

굿-바이 오바마의 동성애, 성전환!

President Trump's New Era and Homosexuality: Good-bye Obama's Homosexuality and Transgender.
Written by Hea Sook Son
All rights reserved.
Korean Edition Copyright ⓒ 2019,2020 by Christian Literature Crusade, Seoul, Korea

트럼프 대통령의 새 시대와 동성애: 굿-바이 오바마의 동성애, 성전환!

2019년 10월 10일 초판 발행
2020년 1월 15일 초판 2쇄 발행

지은이	|	손혜숙
편집	|	구부회
디자인	|	한우식
펴낸곳	|	(사)기독교문서선교회
등록	|	제16-25호(1980.1.18)
주소	|	서울특별시 서초구 방배로 68
전화	|	02-586-8761~3(본사) 031-942-8761(영업부)
팩스	|	02-523-0131(본사) 031-942-8763(영업부)
이메일	|	clckor@gmail.com
홈페이지	|	www.clcbook.com
송금계좌	|	기업은행 073-000308-04-020(사)기독교서선교회

ISBN 978-89-341-2007-0 (03230)

이 도서의 국립중앙도서관 출판예정도서목록(CIP)은 서지정보유통지원시스템 홈페이지(http://seoji.nl.go.kr)와 국가자료공동목록시스템(http://www.nl.go.kr/kolisnet)에서 이용하실 수 있습니다.(CIP제어번호: CIP2019024961)

이 책의 저작권은 저자와 (사)기독교문서선교회가 소유합니다. 신저작권법에 의하여 한국 내에서 보호받는 저작물이므로 무단 전재와 무단 복제를 금합니다.

목차

추천사 장 순 홍 박사 | 한동대학교 총장   1
        정 양 희 목사 | 부산 온누리교회 담임, 전 감독
        윤 신 자 | 전 초등 중등 교사

발행사 박 영 호 박사 | 기독교문서선교회(CLC) 대표   11
기도의 글 하나님 도우소서   14
저자 서문   17

제1장 수치스러운 날   20

1. 2015년 6월 26일 - 나는 사탄을 보았다   20
2. 2015년 6월 26일 - 그 이후   27

제2장 트럼프 대통령을 위해 기도할 때   39

1. 이제 우리가 트럼프 대통령을 위해 기도해야 할 시기 1   39
2. 이제 우리가 트럼프 대통령을 위해 기도해야 할 시기 2   44

제3장 예수의 사역과 동성애   48

1. 예수의 사역은 동성애를 배제한다 1   48
2. 예수의 사역은 동성애를 배제한다 2   64
3. 지금은 트럼프 펜스 시대: 오마마의 LGBT 사라져야   75
4. 복음을 전한 예수 - 동성애, 성전환은 무서운 죄다   80

제4장 예수의 엑소시즘과 동성애, 굿-바이 오바마 동성애   89

1. 동성애, 성전환은 예수와 공존할 수 없다 1   89
2. 동성애, 성전환은 예수와 공존할 수 없다 2   96
3. 동성애, 성전환은 예수와 공존할 수 없다 3   108
4. 오바마의 동성애, 성전환에서 이제 벗어나자 1   126
5. 오바마의 동성애, 성전환에서 이제 벗어나자 2   130

제5장 예수와 동성애 성전환   136

1. 예수의 십자가와 부활 – 동성애의 여지는 없다   136
2. 성전환자 학생의 죽음을 보면서   143
3. 예수의 탄생 이야기 "성령으로 잉태하사" 동성애의 여지가 없다   147

제6장 빛이 비치는 트럼프 대통령의 새 시대   157

1. 2018년 6월 26일: 아, 이제 희망이 보인다!   157
2. 2019년 2월, 트럼프 시대 UMC 죽음으로 가지 마라! 1   166
3. 2019년 2월, 트럼프 시대 UMC 죽음으로 가지 마라! 2   169

에필로그(Epilogue)   173

이제는 우리 헤어져야 할 시간,
굿-바이 바이 오바마의 동성애, 성전환아!

부록   177

UMC 전통주의 플랜통과

발행사

한국 학계와 동성애

박영호 박사
기독교문서선교회(CLC) 대표

「한국상담심리학회」와 「한국심리학회」가 동성애를 이상 성욕으로 표현한 심리상담사 회원을 영구 제명했다. 이 결정이 동성애 독재 사회의 전조 현상인 '마녀사냥'이라는 수장이 제기되고 있다.

'결혼과 가정을 세우는 연구모임'(결가연)은 2019년 5월 2일 서울 여의도 국회의원 회관에서 세미나를 개최하고 정당한 동성애자 상담과 학술적 비판조차 금기시하는 두 학회의 문제점을 지적했다. 연세대학교 의과대학 민성길 명예교수는 "미국은 진단 기준(DSM)이라는 병명 분류 체계에 동성애를 병명으로 분류해 왔지만, 서구의 학술 단체가 동성애를 인권으로 인정하는 성 해방 이데올로기에 지배당하면서 그만 삭제되고 말았다"라고 설명했다.

민 교수는 병명분류 'V65.49'라는 코드에 성 행동, 성적 태도 등 성 관련 이슈에 대한 상담 항목이 들어있기 때문에 동성애를 병명으로 치료, 상담할 수 있는 길은 얼마든지 열려 있다"라고 덧붙였다.

민성길 교수는 강조했다.

> 동성애가 타고난다는 증거는 없으며, 자연스럽게 전환될 수 있다. 정신성 발달 이론과 정신 병리학에 따라 동성애 전환·회복 치료가 얼마든지 가능하다. 신앙에 의한 선택이 가능하다는 증거도 많다.

그는 "동성애 때문에 상담을 원하는 내담자는 탈동성애 치료를 받을 권리가 있다"면서 "동성애자의 진정한 인권은 탈동성애 후 건강하게 살 수 있도록 돕는 것이다. 이는 인권의 문제로 법적으로 적극 보장해야 한다"라고 주장했다. 「자유와인권연구소」의 박성제 변호사는 "동성애를 이상 성욕으로 표현한 상담사는 동성애 전환 치료를 시도한 사실이 없다"면서 "그럼에도 윤리 강령에 성적 지향을 차별금지 사유에 포함시킨 「한국상담심리학회」에서 제명됐고 「한국심리학회」도 그 결과를 인용해 제명했다"라고 지적했다.

이어 "동성애는 치료의 대상이 절대 될 수 없다는 신념을 가진 몇 명의 학회원들이 '동성애 전환 치료가 의심된다'는 이유만으로 다른 회원을 영구 제명하려고 제소한 사건은 동성애 독재 사회의 전조 현상으로 마녀사냥과 다름없다"라고 꼬집었다.

이요나 홀리라이프 대표도 "동성애는 절대 선천적이지 않기 때문에 동성애 굴레에서 벗어나려는 사람의 치료 기회까지 박탈하려는 시도는 '색욕에 굶주린 짐승처럼 계속 살라'는 것으로 인권 말살이자 폭력"이라고 비판했다.

이혜훈 국회의원은 차별금지법이 통과되면 성적지향이 들어가기 때문에 반대하며, 동성애는 하나님이 가증이 여기며 동성애자들이 에이즈에 걸릴 확률이 높다고 했다. 그리고 동성애자들은 플라토닉 러브가 아닌 육체적 관계가 대부분이라고 했다.

또 동성애는 선천적인 것이 아니라 후천적으로 문화적, 환경적 체험으로 학습돼 확산하고 있으므로 치료를 통해 이성애로 회복이 가능하다고 했다.

현재 한국 사회에서 동성애가 주요 이슈로 떠오르면서, 기존 질서와 가치가 위협받고 가정과 교회, 나라가 공격받고 있다. 한국교회가 이 거대한 (젠더) 이데올로기의 구조를 인식할 때, 이들의 공격으로부터 교회와 자본주의, 자유, 민주주의 체제를 지킬 수 있다고 사료되어 기독교 문서선교회(CLC)가 동성애 시리즈를 계속 출간하고 있다.

손혜숙 목사가 이 운동에 적극 참여하여 『미국이 운다! 동성애』, 『트럼프 대통령의 새 시대와 동성애』를 출간해 주심을 진심으로 감사드린다.

기도의 글

하나님 도우소서
밝아오는 세상에서

손 혜 숙 목사

이 글을 쓰게 하신 하나님께 감사드린다.

밝은 태양이 솟아오른다.

빛이 어두움을 뚫고 온 세상을 비추기 시작했다.

오바마의 어두운 시대가 역사의 뒤로 사라지고 있다.

하나님은 **"하나님 아래 한 나라"**(One Nation Under God) **미국**을 버리지 않으셨다. 미국과 한국과 세계에 새 빛이 떠오르게 하셨다. **이제는 트럼프 대통령 시대, 새 희망의 연주곡이 울려 퍼진다.**

희망이 떠오른 이 시대,

신앙을 위해 싸우는 이들에게 승리가 오리.

일부 탈선한 교단과 교회가 궤도를 수정하리라.

미국과 한국이 바른 신앙과 신학과 도덕성을 회복하리.

가난하고 병들고 지치며 실망한 이들에게 복음이 희망차게 전해지리라.

새 시대가 열렸다. 하나님의 은총이다. 하나님은 미국과 한국을 사랑하셨다.

사랑의 하나님은 우리를 보호하신다. 때로 미친 광풍들이 사정없이 휘몰아쳐 와도, 주 날개 그늘 아래 우리를 숨기고 지켜 주신다.

하나님이 미국을 지키시며, 하나님이 한국을 돌보신다!

하나님이 교회를 지키시며, 하나님이 온 세계를 돌보신다!

오바마의 '친이슬람, 친동성애, 반기독교' 시대가 역사의 뒤안으로 사라진 것은 다행이다!

아니면, 미국과 한국과 세계 나라들은 오바마의 강압 아래 소돔과 고모라처럼 미친 듯 달릴 테니까….

오바마 집권 8년 동안 심겨진 성소수자(LGBTQ, Lesbian Gay Bisexual Transgender Queer), 반기독교, 반미 세력이 곳곳에 있다. 연방대법원이 필립스에게 7:2 압도적 승리를 선언했음에도, 콜로라도 주에서 '성전환자' 케익 거절로 2018년 12월 또 고소했다는 소식이 들린다.

기독교를 파괴하는 악의 세력은 세차고 멈출 줄 모른다. 오바마의 8년 동안 여러 부처에 뿌리내린 '더러운 영'의 세력들이 나라와 교회를 집요하게 공격해 끝까지 무너뜨리려 한다. 무서운 일이다. **교회는 이제 승리, 아니면, 죽음이기 때문에**, 악한 세력들을 주저 없이 격파해야 할 시점이다. 이제 성령으로 교회를 채워야 한다.

트럼프 대통령의 새 시대에 이 책의 발간이 긴급함을 절감하고 출간을 서둘러 주신 기독교문서선교회(CLC) 대표 박영호 목사님께 깊이 감사드린다. 이 책의 발간을 위해 수고하신 편집부와 디자인부에 감사드린다.

글을 쓰는 동안 기도해 주신 홍진표 목사님께 감사드린다. 하나님을 사랑하며 진리 탐구의 먼 여행을 늘 함께하는 사랑하는 슬기와 지혜와 영수에게 깊이 감사한다.

하나님 도우소서!

트럼프 시대에 기독교를 파괴하고
인류를 소돔과 고모라로 몰고 가는
악이 속히 패하게 하소서.

하나님 도우소서!

거대한 사탄의 세력과 싸우는
미국 대통령 트럼프를 도우소서!

God Bless Korea.
God Bless America.

성서와 예수를 높이며.

저자 서문

빛이 비친다,
돌아오라, 교회여! 젊은이여!

검은 구름이 흩어지고.

하얀 안개가 오르며 그위로 파란 하늘이 살포시 얼굴을 내민다.

이제 사나운 천둥과 흑암이 떠나려나 보다.

사랑의 하나님은 **"하나님 아래 한 나라"**(One nation under God) 미국을 버리시지 않으셨다. 소돔과 고모라로 향하는 죽음의 행진을 막으신다.

2018년 6월 4일

"하늘이 미소짓는 날"

트럼프 대통령의 지원 아래 미국연방대법원은 오바마 시대 판결을 뒤엎고 게이 결혼 케이크 제작을 거부한 기독교인 필립스에게 7:2 대승리를 앉겨 주었다.

2015년 6월 26일

"나는 사탄을 보았다."

나도 모르게 중얼거렸다.

오바마의 백악관이 온통 동성애를 상징하는 불빛을 번쩍거리면서 전세계를 향해 음산한 빛을 발하고 있었다. 깜짝 놀라 다시 보았다.

"혹시 잘못 본 것은 아닐지…."

오바마 대통령의 끈질긴 압력 아래 미국연방대법원은 5:4로 '동성 결혼 합법화'를 판결했다. 오바마 대통령과 바이든 부통령이 즐거움과 흥분에 들떠 백악관 내를 오가는 모습이 나왔다. 게이와 레즈비언들이 함성을 지르며 판결을 반긴다. 동성애를 상징하는 무지개 깃발들이 나부꼈다.

그날…, 하나님 아래 한 나라 미국이 돌변했다. 이성을 상실한 것이다.

마른 하늘에 번개가 내려치며 흑암의 구름이 밀려들고 천둥소리가 으르렁거린다. **그날…, 그날은** 미국 역사상 **수치스러운 날**이다. 미국 전통과 기독교를 집요하게 파괴하는 새로운 **'악의 역사'가 열린 날**이다.

하지만, 다행스럽게도 그 음침한 악의 시대는 지났다. 이제 우리는 트럼프 대통령의 새 시대에 있다.

2018년 6월 4일

   트럼프 행정부의 지원을 받은 미국연방대법원이 오바마 시대 판결을 7:2로 뒤엎었으며, 이제 시대가 바뀐 것이다!

   찬란한 서광이 비쳐오기 시작한다. 대지 위에 꽃들이 피어오른다. 오바마의 교회 박해 시대가 사라지고 **이제 새 시대가 도래했다.**

   길잃은 교회는 '진리의 길'을 다시 찾자.

   방황하는 젊은이는 '생명의 길'로 오자.

   어두움과 죄악에서 돌아오라 교회여!

   돌아오라 젊은이여!

제1장

수치스러운 날

1. 2015년 6월 26일 – 나는 사탄을 보았다

"나는 사탄을 보았다."

내 평생 처음으로 나도 모르게 중얼거렸다.

백악관이 온통 동성애를 상징하는 불빛을 번쩍거리면서 온 세계를 향해 음산한 빛을 내보내고 있었다. 깜짝 놀라 눈을 비비고 다시 보았다.

"혹시 잘못 본 것은 아닐까?"

오바마 대통령과 바이든 부통령이 기쁨과 흥분에 들떠 백악관 내를 오가는 모습이 나왔다. 게이와 레즈비언들이 대법원 앞에 모여들어 함성을 지르면서 판결을 반겼다. 무지개 깃발들이 여기저기 나부낀다.

2015년 6월 26일

"하나님 아래 한 나라."

기독교 국가 미국이 돌변했다.

오바마의 압력 아래 미국연방대법원이 **5:4의 결정**으로 소위 '동성 결혼 합법화' 판결을 내린 것이다. 마른하늘에 번개가 내려치며 번쩍거린다. 미국의 오랜 전통과 하나님과 기독교를 정면으로 대적하는 새로운 악의 역사가 열리는 이날이다.

대법원장 존 로버츠(John Roberts), 판사 안토닌 스칼리아(AntoninScalia) 크레어린 토마스(Clarence Thomas), 사무엘 알리토(Samusam Alito) 등, 4명은 오바마가 집요하게 강압하는 동성 결혼을 명확히 반대하였다.

그러나 4명의 진보파 판사 소니아 소토메요(Sonia Sotomayor, 여), 엘레나 카간(Elena Kagan, 여), 루쓰 긴스버그(Ruth B. Ginsburg, 여), 스티븐 브레이어(Stephen G. Breyer)와 안토니 케네디(Anthony M. Kennedy)가 찬성했다.

대법원장은 그날 눈물이 글썽글썽했다.

> 존 로버츠의 목청을 높인 동성 결혼 반대 진술이다. 헌법은 그것과 아무 관련이 없었다(「워싱턴 포스트」, 2015.6.26).

앨라배마 대법원장 로이 모어(Roy Moore)의 탄식이다.

> 사탄의 영향에 이끌려 대법원 판사들이 동성 결혼을 합법화 했다(「샬론」, 2015.7.13).

이날 판결을 가장 열렬히 환호한 부서는 **오바마의 백악관**이다. 오바마 대통령과 바이든 부통령이 환희에 들떠 어쩔 줄 모른다.

2015년 6월 26일

동성 결혼 합법화 판결이 내리자 버락 후세인 오바마(Barack Hussein Obama) 전 대통령은 기다렸다는 듯이 백악관 로즈가든(Rose Garden)에 참모들을 다수 집결시키고 소견을 발표하였다.

> 오늘 아침 대법원은 헌법이 결혼 평등(Marriage Equality)을 보장한다고 인정하였습니다…. 이 판결은 우리 모든 공동체들을 강하게 할 것입니다… 그리고 이 판결은 미국을 위한 승리입니다…(백악관 언론비서실, "And this ruling is a victory for America," 2015.6.26).

"아니, '동성 결혼 합법화'가 미국을 위한 승리라니…온 나라 전체 공동체들이 동성 결혼으로 강력해질 것이라니…." 그의 소견에 의구심이 일었다. 과학적, 의학적, 생물학적, 역사적, 사회적, 전통적, 상식적, 헌법적, 성서적으로 어긋난 말이다. 무언가 대 혼돈이 일고 있음이 느껴졌다. 무언가 수상한 세력이 이 나라에 침투하고 있다!

대법원 판결 오래전부터 오바마는 소위 '동성 결혼'을 미국에 깊숙이 심어놓으려고 노력해 왔다. 이 판결은 오바마가 노력한 결실의 일부로 볼 수 있다. 버락 후세인 오바마가 처음으로 대법원에 '동성 결혼'을 지원하라고 촉구하면서 '동성 결혼 금지는 비헌법적이다'라고 강요하였었다.

오바마 행정부는 주의 '동성 결혼 금지'가 비헌법적이라는 판결을 대법원이 내려야 한다는 문서를 대법원에 제출하였다(CBS, 2015.3.6).

버락 오바마 대통령의 행정부가 미국 대법원에 문서를 제출해 주의 동성 결혼 금지법이 무너져야 한다고 요청하였다(「에듀케이션 위크」, 2015.3.9).

오바마는 2008년 대통령 후보 시절에는 게이 결혼을 반대했다. 아마 선거 전략으로 보인다. 하지만, 대통령이 되고 이내 본색을 드러냈다.

2011년 2월, 오바마는 미국 법부무에 '결혼을 한 남자와 한 여자의 연합'으로 규정지은 빌 클린턴의 **결혼 옹호법**(Defense of Marriage Act, 1996년 9월부터 효력 발생)을 **정지시키라고** 말했다. 클린턴의 **결혼 옹호법(DOMA)**은 미국 모든 주에서 동성 결혼을 허락하지 못하도록 하는 확실한 근거를 제공해 주고 있었다.

그런데 '게이 결혼' 지지자 오바마가 느닷없이 반대하고 나선 것이다. 그가 미국에서 속히 추구하려는 '동성 결혼 합법화'의 장애물을 미리 없애려는 전략이었다.

오바마의 영향으로 대법원(멍청한 판사가 있는)은 2013년 6월 26일 클린턴의 **결혼 옹호법(DOMA)**를 폐지하였다. **이럴 수 있나**… 미국 가정을 건전하게 보호해 주고 버티어 주고 지켜 주는 **핵심 보루 '도마'(DOMA)가 오바마로 인해 무너져 내린 것이다.**

2013년 도마(DOMA)가 폐지되자, 오바마는 공개적으로 동성 결혼 지지 확장에 발 벗고 나섰다. 일국의 대통령으로서는 **도저히 할 수 없는 일들을** 왠지 버락 후세인 오마바가 유일하게 밀어붙이기 시작했다.

그의 마음에 미국을 **동성애, 성전환의 나라로 변질시키려는 욕구**가 강렬하게 일고 있음이 비쳐졌다.

미국인은 가능한 대로 출산을 할 수 없도록 만들자.

미국인과 기독교인은 '게이 결혼,' '성전환' 등으로 아기를 낳지 못하도록 만들어야 해….

오바마는 대통령으로서 이 **파괴적인 무서운 목표**를 집요하게 물고 늘어졌다. 개가 먹이를 물고 집요하게 으르렁거리듯, 무섭도록 으르렁거렸다. 항상 '인간 평등,' '결혼 평등'이라는 가면을 덧쓰고서… 멍청한 지도자들은 돈과 명예와 그럴싸한 언변에 잘도 속아 넘어가고, 미국을 증오하는 자들과 무슬림들은 오바마에게 열나게 합세하였다.

순진한 일부 미국인들마저 그가 던진 미혹에 걸려, 덩달아 '동성애,' '성전환' 등이 문제없고 정말 평등인 것처럼 떠들기 시작한 것이다. 오바마는 그의 '악한 목적'을 위해 돈을 풀었다. 국가 재정을 동성애, 성전환 등의 확산을 위해 넉넉히 투입하였다.

돈이면 되지… 사리에 맞지 않는 일을 할 때는 돈으로 먹이를 넉넉히 던져야 된다… 그 누가 돈을 마다하랴….

타락한 낸시 펠로시(Nancy Pelosei)의 민주당은 덩달아 춤을 추었다. 그로 인해 자기 나라 국민이 출산을 못하고 병들어 죽어갈 텐데도 판단력 없이 지지하고 따라갔다.

캘리포니아가 오바마의 타락한 정책에 앞장선 선봉이다. 오바마는 한국을 포함한 기독교 국가 등 세계 80여 국가에도 재정을 쏟아부어 성소수자(LGBTQ) 확산 정책을 거침없이 실시하였다. 한국도 미국 대통령 오바마의 거듭된 강요와 영향을 받아 기독교의 강력한 반대에도 불구하고, 박원순 서울시장이 퀴어축제를 매년 열도록 허락했다. 더욱이, **일부 목사님과 스님이 퀴어축제에 참가**한 어처구니없는 사태마저 발생했다(뉴스1, 2017.7.16).

오바마가 '동성 결혼,' '성전환 수술' 확산에 얼마나 집착했는지… 그의 부도덕한 집착이 대통령으로서 8년 동안 시행한 국내외 정책들에 속속히 박혀 있다. 버락 후세인 오바마의 급진적인 성소수자 유산(LGBTL Egacy)은 미국을 부도덕한 나라로 변질시켰다("미국인을 위한 진리," [*Americans for Truth*], 2016.1.13).

미국과 전 세계에 부도덕한 동성애, 성전환, 양성애 등을 확산시키려 최대한 힘쓰고 많은 재정과 인력을 투입하였다(백악관 언론비서실, 2016. 6. 9 참조).

오바마는 대법원에 문서를 제출해 미국 모든 주의 동성 결혼 금지법이 무너져야 한다고 요구했으며, 대법원 판결 이전부터 이미 '성소수자(LGBTQ) 권리 확장'을 '공식적인 국내 정책 의제'로 만들고 성소수자(LGBTQ) 권리 확장을 '시민 권리 운동'의 다음 장으로 배정하였다(「워싱턴 포스트」, 2015. 3. 6).

미국연방대법원의 동성 결혼 합법화 판결 이전부터 오바마는 이미 미국에서 동성애, 성전환 수술 지원과 확산 청책을 빈틈없이 진행시킨 것이다(『미국이 운다! 동성애: 대한민국도 울지 않게 하라』, 2016).

미국 역대 대통령들과 달리 왜 버락 후세인 오바마는 별나게 미국을 동성애자, 성전환자, 양성애자의 나라로 만들려고 도를 넘어 애쓰는 걸까….

타락한 정치 지도자, 분별력 없는 사제와 목사, 신학자마저 왜, 오바마의 기독교 파괴, 미국 망치기 정책에 합세했을까?

그들은 왜 미국 군대와 어린이, 청소년들마저 동성애자와 성전환자로 변형시키려는 오바마의 반성서적, 반인간적, 반인륜적, 반기독교적 악한 정책들을 막지 못했을까?

왜 악한 세력에 맞서 싸우지 않고 침묵하거나 덩달아 가세했을까?

왜 거침없이 몰아붙이는 악마의 비정상적인 정책들에 강력히 저항하지 않았을까?

2. 2015년 6월 26일 - 그 이후

2015년 6월 26일

　오바마 시대에 미국연방대법원이 '동성 결혼 합법화' 판결을 내린 이후, 미국은 어떻게 변했을까?

　오바마의 집권 8년 동안 미국 교회들과 지도자들, 유명 대학들과 교수들은 반성서적이고 인간 존재 파괴적인 동성애, 성전환 수술, 성소수자(LGBTQ) 옹호와 확산 정책을 접하면서, 그런 정책들이 비정상이고 인간에게 해롭다는 것을 알았을 것이다.

　그런데 어찌하여 소리 높여 반대하지는 않고 침묵하거나 오히려 가세했을까?

　더욱 기가 막힌 것은 '지성의 자유'라는 이름으로 벌어진 참 부끄러운 사태들이다. 즉, 교회와 사회를 이끌어갈 최고 유명한 지성 기독교 대학들이 지성의 분별력 없이 보여 준 반기독교적, 반성서적 동성애, 성전환 옹호 정책들이다.

　그 한 예가 유명한 가톨릭 대학교다. **노트르담대학교**는 2017년 5월 21일 졸업식에서 게이 결혼을 옹호하는 예수회 신부 보일(Jesuit Father Boyle)에게 최고 영예 **라에타레 메달**(Laetare Medal)을 수여했다.

　보일 신부는 2010년 '동성 결혼'(same-sex marriage)을 **반대하는 미국 감독들**을 공개적으로 비난했으며, 더 나아가 '게이 결혼' 반대를 '사람을 악마화하기'(demonizing people)로 묘사하기도 했다.

라에타레 메달은 노트르담대학교가 수여하는 최고 영예일뿐 아니라 미국 가톨릭교회들이 받을 수 있는 최고의 영예이다(「라이프사이트」, 2017.4.7).

결국, 가톨릭의 최고 지성을 배출하는 명문 대학교가 방향을 상실하고 기독교를 파괴하는 악의 세력에 공개적으로 합세하게 된 것이다. 이 사건이 학생들과 교계에 미친 파장이 얼마나 클지 우려스럽다.

이처럼 최고 지성 대학교들이 지적인 혼란과 혼동을 일으키면서 교계와 학계와 사회에 더욱 반성서적, 해로운 동성애, 성전환 등을 부추기며 미국의 타락을 가속화 시켰다. 악한 정치가들이 하나님을 대항하고 반성서적으로 타락시킬 때, 즉 **오바마와 정치가들이 하나님의 법을 부인하고 반성서적 성소수자(LGBTQ) 정책을 강요할 때,** 기독교 학계와 교계는 그 자체로 분열과 미궁에 휩싸여 한 목소리로 사탄의 세력을 막아내지 못했다.

이 얼마나 처절한 비극인가?

마음이 청결한 콜로라도 주의 명작제과점 주인 필립스가 '게이 결혼' 케이크 제작을 거절하였다. 그가 신앙 양심을 수호하기 위해 감옥 생활을 불사하고 가게문을 폐쇄하면서까지 **피 흘리는 영적 전투를 하는 동안**, 기독교 대학들과 교계 지도자들은 **사탄의 입장에 편승해** 악의 세력 가담자에게 **최고 영예상**을 수여하는 웃지 못할 비극이 발생한 것이다.

이것이 우리가 지금 살고 있는 현재의 역사 속에서 벌어지는 현실이다. 이 비극적인 싸움은 지금도 계속 진행 중이다. 기독교 최고 지성들과 교회들이 사탄의 세력에 의해 짓밟히고 파괴당하는 교인의 편에 함께 서서, 그 교인을 옹호하며 지키고, 그의 신앙 양심을 보호해 주기 위해, 악마의 세력에 맞서 전쟁을 선포하고 강력하게 대항해야 하겠건만, 사실은 그 반대였다.

참된 신앙인들을 제외한 기독교 최고 지성들과 교회들마저 '더러운 영'의 세력에 합세하여 순수한 교인들을 더욱 짓밟고 어렵게 만든 것이다.

타락한 오바마 정권 아래 '신앙인을 지키기 위해 피 흘리는 교인들을 기독교 최고의 지성 대학들과 교계 지도자들이 함께 짓밟는다. 그들이 하나님을 대적하는 '사탄의 세력'에 잘도 합세하여 신앙인을 더욱 어렵게 만들었다.

'더러운 영'이 이끄는 오바마 정부와 한편이 되어 순수한 교회들과 신앙인들을 괴롭히는 일에 편승한 것이다.

이 얼마나 어처구니없는 사태인가!

지금도 그들은 성서와 신앙과는 반대편에서 '더러운 영'의 세력들에 합세해 부와 안일을 누리면서 기독교를 무너뜨리는 악의 세력에 잘도 편승해 명예와 부를 누리고 살고 있다.

> 나만 부유하고 잘 살면 되지,
> 왜 굳이 오바마 정부의 반감을 사랴.
> 출세에 지장 있는데,
> 좋은 게 좋아,
> 마음을 넓게 사탄도 포용해야 교회에 숫자가 늘지.
> 교도소에도 안 가고….

마치 빗자루를 든 마녀가 대 선박에 올라타듯 '기독교 신앙의 푸른 망망대해'에 떨어져 죽을 수밖에 없는 악녀에게 기독교 대학 최고 지성들과 성직자들이 배에 올라타라고, 빗자루를 잡아당겨 죽지 말라고 선박 안으로 끌어들인다.

마녀는 회심의 미소를 지으면서 선박 위에 올라타 빗자루를 휘두르면서 마음 놓고 기독교를 무너뜨릴 계략을 심오하게 짜고 실행한다.

2015년 6월 26일, 오바마와 그의 정부의 집요한 강요로 대법원이 '동성 결혼 합법화' 판결을 내리자 **하나님과 성서를 사랑하는 신앙인들이 공직에서 대법원 판결을 거부하는 상황들이** 벌어졌다. 그중 하나가 잘 알려진 켄터키 서기관이다.

> **"켄터키 서기관이 동성 커플들의 결혼 허가증 발급에 동의할 때까지 그녀를 감옥에 가두어 두라"**는 명령이 떨어졌다. 게이와 레즈비언 커플에게 결혼 허가증 발급을 허락하는 것은 **하나님의 '결혼 정의'**를 위반하는 것입니다…
> (NBC 뉴스, 2015.9.3).

켄터키 서기관 데이비스 킴(Davis Kim)은 신앙 양심을 지키기 위해, 오바마 정부의 명령과 요구에도 불구하고, 동성 커플들에게 결혼 허가증 발급을 거부했다.

그녀는 오바마의 악한 명령보다도 **'하나님의 명령'**을 따르기로 굳게 결심하였다. 그리고 **오바마 정부의 지시에 '항명해'** 싸움을 시작한 것이다.

오바마의 악한 정책이 드디어 잔인한 본래 모습을 드러냈다. 연방 판사가 신앙인 서기관을 **감옥에 가두었다.** 그리고 서기관이 기독교 신앙을 버리고 악한 정부의 동성 결혼을 인정할 때까지, **계속해서 교도소에 가둔다고** 위협했다.

신앙을 지키려는 교인이 악한 정부로 인해 교도소에 수감되고 그녀의 생애가 파괴되는 시간, 그 시간에도 소위 기독교 지성들과 교회 지도자들은 잠잠했다. 꿀을 잔뜩 먹은 벙어리처럼 잠잠하기만 했다.

공화당 대통령 후보 중 마이크 하커비가 나섰다. 그는 신앙의 자유를 위해 싸울 것이며 서기관을 대신해 교도소에 들어가겠다고 말하면서 그녀의 편에 서서 함께 힘이 되었다.

그때 오바마 진영의 대통령 후보 힐러리와 민주당은 싸늘했다. 그들은 **잔인함과 부도덕** 그 자체였다.

오바마는 동성 결혼을 반대하는 공직자들에게 박해를 가하였다.

"동성 결혼을 반대하는 기독교는 미국 정부의 적입니다."

이렇게 말하면서 기독교를 미국의 적으로 홀로 규정지은 오바마, 그토록 기독교를 증오하는 마음을 지닌 오바마이다.

그는 친부와 계부 둘 다 독실한 무슬림이다. 오바마의 '친이슬람 친동성애 반기독교 정책'이 점점 더 선명하게 드러나 보였다. 기독교 신앙을 지키려 동성 결혼을 반대하는 기독교 판사들이 위기에 몰렸다. 그중 **알라바마 주 대법원장 로이 무어**(Roy Moor)는 동성 결혼을 반대한다는 이유로 **대법원장 지위마저 박탈**당할 위기에 처하게 되었다.

결국, 물러나야 했는데… 이때도 교인이 신앙 양심을 지키려다 악마의 세력에 의해 강제로 쫓겨나는 데도, 성서를 수호하려는 교인의 인생이 악마에게 무참히 짓밟히고 파괴를 당할 때도 소위, 기독교 최고 지성인들과 교회 지도자들은 의아할 정도로 잠잠했다.

마치 강 건너 불구경하듯, 아니, 강 건너 불구경보다도 더 무관심했다. 그들은 꿀 먹은 벙어리 던가 아니면, 아예 깊은 수면 속에 푹 빠진 듯했다. 또한, 어이없게도 그런 악한 일이 진행되는 과정에서 교계 지도자들이 악의 세력에 합세해 함께 대법원장을 몰아내는 부끄러운 비극이 일어나기도 했다.

사탄은 기독교와 미국을 무너뜨리는 데 자신의 세력 혼자만으로 할 수 없다는 것을 잘 안다.

만일 미국 기독교 지성들과 교회 지도자들이 사탄에게 현혹되어 눈을 돌리지 않았더라면, 그리고 사탄을 단호히 거절했더라면, 어찌 하나님의 법을 대적하는 반성서적 세력들이 번성해 순수한 기독교인들을 공직에서 몰아낼 수 있었겠는가?

사탄은 동성애, 성전환 등의 확장, 즉 사탄의 기획을 혼자서 할 수 없음을 잘 알기 때문에, 할 수 있는 대로 교회들과 기독교 대학들을 끌어들여 그들로 하여금 악마의 세력을 지지하도록 만들고, 그들 스스로 악마가 추진하는 기획들(반성서적인 동성애, 성전환 수술 등)을 옹호하고 시행하도록 상황을 유도해 간다.

엄청난 돈을 부어대며 지위와 상장과 명예를 안겨 주면서 유혹한다.

"이 세상에서 쾌락에 빠져 살라."

"돈과 명예와 부를 우선으로 생각하고, 성서를 위해 고난을 당할 엄두조차 내지 말라!"

악마는 속삭인다.

"생각해봐, 그냥 네 인생을 즐겨…

인간은 자유롭게 태어났으니까…

하나님은 너그러우신 사랑의 하나님이야,

염려 말고 동성애를 해도 괜찮아…."

"아, 너무 성서의 법대로 우기지 말라고…

왜 그리 까다롭게 생각하나, 너그러워, 좀!

너그러우라고… 하나님은 좁지 않으셔!"

더러운 영의 세력은 계속 유혹하며 속삭인다.

그럴싸한 유혹에 많은 사람들과 젊은이들이 넘어간다.

"그 누가 쉽게 굴러 들어오는 쾌락과 부와 포상과 명예를 거절하랴!"

오바마가 백악관에서 시행한 동성애, 성전환 등의 확산 정책은 그 의도를 의심해야 할 만큼 너무 끔찍스럽다. 오바마는 2015년 8월, 미국 역사상 최초로 성전환자, 라피(Raffi)를 백악관 인사과 책임자(Director)로 임명하였다. 그리고 2016년 3월에는 그의 직책을 한 층 높여 더욱 동성애 성전환을 미국과 한국과 세계에 확산시키고자 노력했다.

라피는 남성에서 여성으로 성전환을 했으며, 이전에 성전환자 인권 단체의 정책 책임자였다. 2015년 9월, 수많은 모범적이고 훌륭한 군인들을 제쳐놓고, 오바마는 미국 최초로 게이 에릭(Eric)을 육군참모총장에 임명하였다. 의도적으로 게이를 보라는 듯이 자랑스럽게 육군 최고의 자리에 임명한 것이다. 청소년들에게 게이의 롤 모델을 제시해 주고, 또한 미국 군인들에게 게이나 성전환을 확산시킨다는 신호탄을 터뜨린 것이다.

2016년 5월 23일, 더욱 끔찍하고 기가 막힌 일이 벌어졌다. 오바마 대통령과 그가 속한 민주당과 행정부는 미국 대통령과 백악관 **신앙자문위원회**에 미국 최초로 82세의 **성전환자 운동가** 바바라(Babara)를 임명하였다.

그는 본래 3명의 아빠이며 가톨릭 신자였지만 성전환 수술을 해 남성에서 여성이 되었는데, 그의 신체는 남자이고 얼굴은 여자다. 백악관의 '신앙자문위원'으로 반성서적이고 인간 존재 파괴적인 '성전환자'를 공개적으로 버젓이 임명하다니….

그의 인사는 미국 전통과 기독교를 모독하면서 미국과 미국인의 가정을 무질서하게 만들고 파괴하려는 오바마의 내면을 그대로 드러내 보여주고 있다. 오바마는 재임 기간 8년 동안 **반기독교 친이슬람 친동성애 정책**을 강력히 몰고 갔다. 그는 미국 공공기관들에서 십계명을 철거시켰다. 이런 반기독교적 행보들에 대해 낸시 폴로시의 민주당은 잠잠하였다.

오바마 행정부의 지시로 2010-2012년, 미국 최초로 공립학교는 친동성애, 친이슬람, 왜곡된 기독교 내용의 교과서로 수업을 시작하였다(CCSS, Common Core States Standard).

2015년 12월, 미국 최초로 무슬림 여성 캐롤린(Carolyn)이 뉴욕 주 판사로 임명되었는데, 오바마는 그때 성서가 아닌 **코란에 손을 얹고(미국 역사와 전통에서 있을 수 없는 일)** 선서하도록 했다(트럼프는 코란에 선서하는 것을 금지시킴).

그 외에 이미 미국 최초로 무슬림 의원들이 오바마에 의해 뽑혔다. 오바마는 그 이전 **나사(NASA)**에 이슬람 국가들과 작업토록 지시했으며(2010년 2월), 국무부에 전 세계 무슬림과 **소통 사무실**을 개설토록 힐러리에게 직접 시달하였다(2009년 7월). 그리고 미국의 무슬림들에게 더욱 많이 미 행정부와 관공서들에 취업하라고 독려하였다(조선닷컴 토론, 2010.06.18, 2009년 3월 기사 참조).

동성애, 성전환, 이슬람 우대뿐만이 아닌 기독교 지성들과 지도자들을 무너뜨리는 데도 미혹의 눈독을 돌렸다. 오바마 시대에 '더러운 영'의 세력이 미국 전통과 기독교를 무너뜨리려 쉼 없이 추파를 던졌다. 그래서 미혹당한 '워싱턴국립대성당'은 대법원의 동성 결혼 판결을 환영한다는 **'찬사문'**을 발표하기까지 했다. 교단과 교회들이 인간적인 욕구에 빠져 무분별하게 성서와 신앙과 기독교를 파괴하는 '오바마와 사탄의 세력'에 편승하게 된 것이다.

벼락 후세인 오바마 집권 8년 동안, 소위 기독교 최고 지성들과 교회 지도자들은 잘도 사탄의 꼬임에 넘어가 교회와 신앙인을 무너뜨리는 일에 함께 가담하였다. **오바마의 반기독교적, 반미국적, 타락의 극치는 '미국 군대'**에서마저, 그리고 **유치원생, 어린이, 청소년**에게, 또한 미국 교도소에서마저 **'성전환 수술'을 부추긴 데서 돋보인다.**

오바마 이전에는 전투를 대비한 미국 군대에 한 명도 없던 '성전환자'가 오바마의 재정 지원으로 그의 집권 8년 동안 '수천 명에서 만 명이 넘는다'고 한다. 성전환 수술 후에 2-3개월의 회복 기간이 필요하고, 성전환 군인들은 매달 한 번씩 호르몬 주사도 필요하다는데, 그런 수술을 미국 군대 군인들에게 부추겼다!

미국 군대를 망칠 작정인가!

미국과 미군의 적이 아니고서는 도저히 그런 끔찍한 일들은 생각할 수도 없고 시행할 수도 없을 것이다. 세상에 해도 해도 이럴 수 있나, 전투를 대비한 군대에서마저 동성애, 성전환 수술을 부추기다니, 지도자의 가면을 쓴 악의 화신이 미국 역사에 등장한 것이다.

다행히도, 트럼프 대통령이 **군대 성전환자 금지 명령**을 내렸다. 그러자 바른 판단력을 상실한 민주당 의원들이 반대하며 고소하고 난리다.

그들은 왜 지극히 정상적인 트럼프 대통령의 '군대 성전환자 금지 명령'을 미국 군대를 살리는 좋은 정책이라고 환영하지는 못할망정 오바마의 **'군대 성전환자 양성'** 정책을 지지하면서 트럼프에 반대하며 고소하는가?

자기 나라의 군대를 파괴하는 악의 세력에 민주당과 공화당 소수의 멍청한 아군들이 잘도 속아 넘어가서 그들의 세력에 가세하였다. 정말 어이없고 끔찍하며 한심하기 그지없는 일들의 연속이다.

미국 군대를 망치려는 세력에 어이없어 입이 벌어질 뿐이다. 현역 군인들에게마저 **성전환 수술**을 하라고 지원하다니, 돈은 때로 마음이 약한 사람들을 유혹하고 부추겨 성전환 수술도 할 수 있도록 만든다.

오바마는 미국 교도소에서마저 성전환 수술을 부추겼다. 마치 죄인들의 신분을 감추어 주려는 듯이, 그리하여 교도소에 종신형을 사는 살인범에게도 국민 세금으로 성전환 수술을 하도록 허락한 악한 정책을 시행했다. 그런 이상한 정책은 보통 인간으로서는 도저히 상상할 수 없는 일이다.

오바마는 미국인을 원천에서 없애는 동성애, 성전환 등이 매우 자랑스러우며, 미국 어린이들이 닮아야 하는 모델이라고 널리 부각시키려고 애썼다. 그래서 매해 6월은 '자랑스러운 성소수자(LGBTQ)의 달,' '자랑스러운 게이의 달'로 선포하고 백악관에 동성애, 성전환자들을 초청해 잔치하고 포상했다. 미국을 '동성애자, 성전환자의 나라'로 만들려고 최선을 다하였다. 정말 알 수 없는 일이다.

그는 '하나님 아래 한 나라' 초강국 미국에 반성서적, 반인간적, 성전환 등을 깊숙이 심는 작업에 조금도 망설임이 없었다.

2015년 11월 11일, 동성애를 널리 퍼뜨리기 위해 깊이 사색 중인 오바마는 동성애 잡지 「**아웃**」에 **표지 모델**로까지 등장하였다. 이 또한 '동성애'를 미국 사회와 특히, 청소년들과 젊은이들에게 널리 선전하고 퍼뜨리려는 행보다.

잡지는 오바마 대통령이 2012년 대선 경선에서 동성 결혼을 지지했던 일이 2015년 6월 26일 대법원의 **동성 결혼 합법화 판결을 낳았다고** 오바마에게 공로를 돌렸다.

동성애 잡지 「**아웃**」은 말했다.

> LGBT 미국인의 권리 보호를 정권 업적의 일부로 만든 미국 44대 대통령의 적극 개입이 없었더라면, 아직도 우리는 꿈을 이루기 위해 일하고 있을 것이다.

그들은 LGBT의 확장을 위해 밤낮없이 노력하는 오바마에게 동성 결혼 합법화와 동성애 수용의 공로를 돌렸다. 결국, 오바마의 비정상적인 집요한 노력이 없었다면 미국에서 LGBT는 **여전히 비정상의 극소수로 남고 참된 결혼과 가정**은 존중받았을 것이다.

2015년 6월 26일

오바마의 무섭고 끈질긴 노력으로 미국 역사상 가장 충격적이고 수치스러운 **'동성 결혼 합법화'가 대법관 5:4의 결정**으로 대법원에서 아슬아슬하게 판결되었다. 그리고 판결 이후, 오바마는 이를 거부하는 기독교인들과 기독교 기관들을 탄압하였다.

오바마 8년 동안 미국은 암흑과 혼란의 소용돌이에 빠졌다.

그러나 이제 **동성애를 내세워 기독교를 탄압하던 버락 후세인 오바마**의 시대는 지나갔다!

동성애, 성전환을 미국 군대와 유치원생들, 청소년들, 감옥에까지, 한국에까지, 또한 기독교 국가들과 세계에 퍼뜨리고 강요하던 **몰상식과 비정상의 부도덕하고 악한 시대**는 역사의 뒤안으로 사라졌다.

지금은 **도널드 요한 트럼프 시대**다. 하나님을 높이고 교회를 사랑하며 미국과 미국인을 사랑한다고 즐겨 말하는 트럼프 대통령 시대다. 오바마는 미국을 사랑하지 않는다고 말해졌다.

이제는 트럼프의 새 시대이다. 반성서적인 정책으로 하나님을 정면 대항하는 어두운 오바마 집권 8년을 거쳤음에도 불구하고, 하나님은 **하나님 아래 한 나라 미국**을 버리시지 않으셨다.

하나님은 한국을 사랑하셨다.

빛이 비쳐오는 새로운 시대!

이제 우리 모두 지난 시대의 실수와 잘못에 대해 가슴 아파하고 회개하며, 하나님 앞에 뜨거운 눈물을 흘리자!

오바마의 동성애, 성전환, 성소수자(LGBTQ), 죄악의 옷을 속히 벗자!

이제는 트럼프의 새로운 시대!

하나님의 창조를 파괴한 오바마의 **동성애, 성전환을 속히 벗어 버릴 절호의 기회다!**

제2장

트럼프 대통령을 위해 기도할 때

1. 이제 우리가 트럼프 대통령을 위해 기도해야 할 시기 [1]

**미국인들은 왜 힐러리가 아닌
트럼프를 대통령으로 뽑았을까?**

2017년 1월 20일, 공화당 대통령 당선인 도널드 요한 트럼프는 성경 두 권에 손을 얹고(한 권은 1955년에 교회학교 졸업을 축하하며 어머니가 소년 트럼프에게 준 선물) 미국의 제45대 대통령 취임 선서를 했다. 동성 결혼을 반대하며 오바마를 비판한 프랭클린 그레이엄 목사도 초청을 받아 취임식 기도를 했다.

트럼프 대통령은 열정적으로 연설하였다. 취임식이 열린 2017년 1월 20일은 평화로운 대통령직과 권력의 이양뿐만이 아닌 권력을 워싱턴에서 국민에 돌려주는 날이며, 미국을 다시 위대하게 만들고 미국 정신을 회복하자고 연설했다. 잊혀진 사람들이 더 이상 소외되지 않도록 할 것이다. 국민들의 안전과 부를 위해 온 힘을 다해 싸우겠다고 강조했다. 트럼프가 대통령 취임 연설을 열정적으로 하는 동안 높은 '하늘로부터 밝은 빛'이 환히 비추어 '하나님의 축복'을 보여 주었다고 한다.

힐러리는 대학 무상 교육, 부자 증세, 서민 감세 등 상당히 좋은 정책들을 제시했다. 나 역시 힐러리 진영 정책의 좋은 점에는 호감이 갔다. 많은 대학생들과 미국인들도 그럴 것이다.

하지만, 무엇이 문제였던가?

사람들은 트럼프의 선거 유세장에 구름처럼 밀려들었다. 넓은 체육관을 다 메우고도 미처 들어오지 못한 사람들이 밖에 무리지어 줄 서 있었다.

반면, 힐러리의 연설장은 달랐다. **CNN을 포함한 대언론들은 이런 사실들과 모습들을 교묘하게 속였다.** 선거 유세장 현장을 사실 그대로 보도하지 않았으며 연설하는 트럼프의 얼굴만 편집해 내보냈다. 그들은 한 번도 트럼프 유세장에 모인 많은 군중을 사실 그대로 반영하여 보도하지 않았다. 그리고 웬일인지 연일 힐러리가 앞선다고 힐러리 편을 들었다. 그런데 사실은 트럼프에게 사람들이 깊은 관심을 지니고 많이 몰려든 것이다.

나는 그때부터 비로소 **언론들이 얼마나 거짓되고** 사실을 왜곡하는지를 점점 알게 되었다. 트럼프 유세장에 미국인들이 열광하면서 가득 모여들어도 대언론들은 그런 열기를 단 한 번도 보도하지 않았다. 연일 버락 후세인 오바마의 편을 들어 힐러리가 앞선다고 하면서, 마치 힐러리가 대통령이 될 것처럼, 다 된 것처럼 보도했다.

왜 미국인들은 몇 시간씩 차를 몰고 먼 길을 달려가 트럼프 유세장에 몰려들어 **"미국을 다시 위대하게 만들자"**(Make America Great Again)라는 피켓을 들고 열광적으로 함성을 지르면서 트럼프에게 환호했을까?

"미국을 구하자!"(Save America!)

왜 이렇게 외쳤을까?

힐러리와 함께는 미국을 다시 위대하게 할 수 없거나 구할 수 없다는 말인가?

내게 매우 충격적인 사건이 미국에서 일어났다. 아니 나뿐 아니라 미국을 사랑하는 대다수 미국인에게 충격적 사건이 일어났다.

2015년 6월 26일

미국연방대법원이 오바마 정부의 끈질긴 압력에 수긍해 5:4의 결정으로 소위 '동성 결혼 합법화'의 판결을 발표한 것이다.

더욱 충격을 받은 것은 그동안 동성 결혼 합법화를 대법원에마저 집요하게 강요해 온 버락 후세인 오바마 대통령이 "동성 결혼 합법화는 미국인의 승리요, 미국은 이로 인해 더욱 강해질 것이다"라는 어처구니없는 발표를 한 것이다. 오바마는 백악관에 동성애를 상징하는 불빛을 번쩍거리면서 전 세계를 향해 수치를 내보냈다.

동성 결혼 합법화를 통해 미국이 더욱 강해질 수 있다니, 오바마는 미국인들을 내심 조롱하고 있단 말인가!

그 이후, 50개 주에 동성 결혼을 신속히 정착화시키려고 애쓰는 오바마의 비정상적이고 잔인한 행정이 실시되었다. 잘 알려진 대로 기독교 신앙 양심에 따라 동성 결혼 증서 발급을 거부한 켄터키 서기관 데이비스 킴(Davis Kim)이 **교도소에 갇히게** 되었다. 세상 통곡할 일이 일어난 것이다.

기독교 신앙에 따라 동성 결혼 케이크 만들기를 거절한 제과점들에게 엄청난 벌금들과 함구 명령(Gag order)이 내려지고, **결국 제과점 문을 닫게 되었다**(『미국이 운다! 동성애 대한민국도 울지 않게 하라』, 2016).

이제 동성 결혼을 속히 미국에 깊숙이 뿌리박아 놓으려는 벼락 후세인 오바마의 악한 정책들과 탄압들로 인해 윤리적이고 신앙적인 미국인들의 오바마에게 대항하는 싸움이 벌어지고 있었다. 동성 결혼을 반대하는 주(State)나 사람들에게 공공연한 탄압이 시작되었다. 동성 결혼을 반대하는 판사들을 강제로 물러나게 했다. 정말 악마의 소행들이 곳곳에서 벌어지고 있었다. 기독교 정신 위에 세워진 미국이라는 나라에서 비기독교적, 비윤리적인 일들이 혼란스럽게 일어나고 있었다.

미국인은 왜 오바마가 미국 대통령 선거에 전례 없이 깊숙이 개입하여 온 힘을 다해 지원하는 힐러리 후보를 버리고, 새 인물 트럼프를 대통령으로 선택했을까?

유튜브나 신문 등에서 볼 때 가슴이 섬뜩해지고 너무 마음이 아파 목이 메어오는 사진들이 있다. **ISIS**(The Islamic State, 이슬람국)가 검은 옷과 마스크를 두르고 뒤에서 **기독교인의 목에 칼**을 들이대는 장면이다. 기독교인들은 아무 저항도 할 수 없이 속수무책으로 ISIS의 칼날에 참수를 당하고 있었다.

이슬람 종교의 ISIS가 21세기에 인간 대학살과 기독교인 대학살을 서슴없이 자행해 오고 있었다. 오바마의 은근한 정책으로 그 세력이 점점 더 확장되고 강력해져 갔다.

ISIS의 잔인한 인간 대학살이 계속되고 있었지만, 오바마는 강력한 대응을 피하고 훈련과 지원을 하여 그 세력이 점점 확장되었다. 결국, ISIS가 성장하고 커질 수 있도록 여러 면이 조성되었다.

ISIS의 인간 참수, 방화, 기독교인과 인간 대학살의 소식들이 정말 오래 동안 온 세계에 뉴스로 연일 보도되고 있었다. 하지만, 오바마의 미국은 그들의

만행을 단호히 징벌하지 않았으며, 따라서 반기문 사무총장의 유엔마저도 거의 방관적으로 보였다.

더욱이, 이슬람 세력들이 무참하고 잔인하게 기독교인과 무고한 사람들을 학살하는 동안, 오바마는 미국에서 '이슬람은 평화의 종교'라고 강조하면서 ISIS 테러와 전혀 무관한 기독교를 비난했다.

이 얼마나 끔찍하고 어이없는 일인가!

미국에서 오바마의 **친이슬람 정책**(조선 닷컴, "나는 무슬림이다," TV 넥스트, "오바마… 이슬람 테러 단체")과 **성소수자 옹호 정책이 더욱 두드러지게 펼쳐지고** 있었다. 무슬림들이 정부 기관의 중요한 요직들에 오르고, 심지어 오바마는 이슬람을 테러라고 부르지도 못하도록 강요했다.

이런 상황들을 체험하는 미국인들은 **이 나라가 위기에 처한 것을 뼈저리게 느낄 수** 있었다. 오바마의 친이슬람 정책과 비정상적이고 비윤리적인 정책들(성소수자, 즉 LGBTQ 양성과 확산 정책)에 견디지 못한 미국인들은 이 **나라의 운명을 염려했다.**

국민들은 버락 후세인 오바마 대통령 집권 아래 잘못 돌아가는 미국, 테러하는 이슬람 종교를 두둔하고 기독교를 미국 정부의 적이라 말하면서, 동성애자, 성전환자, 양성애자 등을 받들고 칭찬해 높이면서 비정상으로 변질되어가는 **미국을 구해내야 한다**고 심각히 염려하게 되었다.

미국은 비정상의 나라로 변질되고 있었다!

2. 이제 우리가 트럼프 대통령을 위해 기도해야 할 시기 2

트럼프 유세장에 모여든 구름 때 같은 사람들은 무엇을 갈망했는가? 무엇을 말하는가?

"트럼프!

대통령이 되어 오바마 아래 궤도를 이탈한 미국이 다시 바른 궤도로 들어서게 해주시오!

잔악한 이슬람 테러 세력들을 완전히 멸해 주시오!

미국인 자녀를 죽이고 마약을 퍼뜨리는 불법 입국 범죄자들을 추방해 주시오!

오바마 아래 약해진 미국 군대를 다시 강하게 일으키고 ISIS에게 무참하게 죽어가는 착한 사람들과 기독교인들을 구해 주시오!"

"미국인들을 **몰락시키는 오바마의 친이슬람과 반기독교, 성소수자(LGBTQ) 정책을 폐지시켜 주시오!**

기독교를 보호하고 미국의 기독교 정신과 전통을 다시 세워 주시오!

미국의 경제와 산업과 기업을 다시 일으켜 주시오!

미국을 본래의 위대한 미국으로 다시 만들어 주시오!"

트럼프 대통령과 펜스 부통령이 백악관에 취임 이후, 처음 100일간의 일정을 내세우면서 백악관 대통령의 모든 일정과 행보를 공개적으로 보도한다.

인간을 잔인하게 죽이는 이슬람 테러 ISIS를 사정없이 박멸하고, 미국을 이슬람 테러와 불법 범죄자들로부터 보호하며, 미국에 매장된 에너지를 개발해 중동 수입을 중단하고, 에너지 독립국으로 만들려는 일정을 발표했다.

오바마는 미국에 매장된 에너지를 묻어 놓고 중동에 의존하도록 했다. 결국, 중동으로 돈이 들어가도록 만들었다

트럼프가 백악관에 입성하자 본래의 기독교적인 미국을 회복하며 피폐해져 가는 미국 경제와 구조물을 일으켜 세우고 건설하려는 힘찬 동력에 시동이 걸렸다.

기독교인들을 테러로부터 보호하며 언론의 자유를 주겠다고 선언한다. 이제 더 이상 오바마 시대처럼 크리스마스를 "할러데이"로 부르도록 강요되지도 않는다. 마음껏 **"메리 크리스마스!"**라고 소리치고 부를 수 있다. 이제 더 이상 소위 '동성 결혼'을 거부했다고 교도소에 간다거나 판사의 직위를 박탈당하는 일도 없어질 것이다.

첫 주부터 트럼프 행정부는 **테러 이슬람 세력을 뿌리 뽑고 미국을 안전하게 만들며** 미국 경제를 되살리고, 불법 입국 범죄자들을 막기 위한 국경 장벽 건설 등의 행정 명령들을 잇달아 발표하였다.

급진 이슬람 테러 세력들의 유입을 근본적으로 방지하기 위해 테러성이 강한 일곱 이슬람 국가들에 일시적인 '여행 금지령'(일시적 이슬람 입국 금지령)의 행정 명령을 내렸다. 그런데 ISIS의 테러를 보면서도 미국의 위기를 가볍게 본 오바마가 임명한 판사가 브레이크를 걸었다.

오바마로 인해 미국이 동성애, 성전환의 나라로 몰락해 가도, 착하고 도덕적이며 모범적인 시민들이 억울하게 감옥에 들어가도, **이슬람 급진 세력들이 칼로 목을 치면서 수 없이 많은 기독교인과 사람을 잔인하게 죽여도 그들은 조용했다.**

그런데 트럼프 대통령이 그런 **잔인한 테러 세력들의 미국 잠입을 근본적으로 차단하고 뿌리 뽑아 미국을 보호하겠다는** 강력한 결심으로 내린 행정 명령

에는 반대 소리를 내다니, 안타깝다.

자기 나라 자기가 지켜야 할 것이 아닌가?

오바마 집권 8년 동안 '조직적이고 기획적으로' 미국 각 부처에 심어놓은 이슬람 세력들이 **목숨을 걸고(지하드)** 트럼프 대통령의 반이슬람 테러, ISIS 완멸 작전을 **막으려고 할 것**이다.

미국을 이슬람화하려는 세력들이 오바마가 정부나 공관에 지도자로 심어놓은 250여 명의 동성애, 성전환자들과 함께, 오바마의 미국 무너뜨리기 정책인 동성애, 성전환, 성소수자(LGBTQ) 정책을 **계속 유지하고 확산시키려고** 기를 쓸 것이다.

트럼프 대통령이 기독교 국가 소련과 손잡고 급진 이슬람 세력들을 초토화시키려는 정책들을 알라를 위해 **온몸으로 막고** 있으며 **막으려 할 것**이다.

그런데 우리들은 지금 무엇을 하고 있나?

이슬람이 수많은 사람을 학살하고 죽여도 이슬람은 '평화의 종교'라고 거짓말을 하면서 미국을 기필코 무슬림의 나라로 만들고 동성애 성소수자를 확장하면서 **미국을 마비시키고 몰락시키려는 악의 세력들**이 트럼프 행정부에 대항하면서 거세게 반발하고 새 행정부를 무너뜨리려 한다.

이 상황에서 우리 기독교인들은 그냥 잠잠하거나 아니면, 덩달아 트럼프 대통령을 비난만 해도 되는가?

우리 모두에게 자신을 위해 기도해 달라고 부탁하는 미국 대통령 도널드 요한 트럼프!

미국을 사랑하고 성서와 하나님을 높이는 대통령!

ISIS에게 박해를 받는 사람들과 기독교인들을 보호하겠다고 선언하면서, 미국을 몰락시키는 이슬람 테러 세력들과 악의 세력에 맞서 담대하게 전쟁을 선포한 우리의 대통령이다.

우리 기독교인들은 어느 편에 서야 하는가?

이 모든 무거운 짐을 지고 미국을 구하겠다고 노력하는 대통령에게 정직하지 못한 대언론들의 플레이에 현혹되어 비난만 할 것인가?

아니면, 미국을 소돔과 고모라로 만들려는 악의 세력들, 인간을 잔인하게 고문하며 참수하고 미국과 세계를 이슬람화하려는 IS 테러와 악의 세력들에 맞서 계속되는 피 흘리는 싸움에서 성경 두 권에 손을 얹고 선서한 제45대 미국 대통령을 위해 기도할 것인가?

미국을 기독교 전통의 나라로 다시 바로 세우고 위대하게 만들려는 대통령!

그가 지치지 않고 승리하도록 하나님께 간절히 기도해야 하지 않겠는가?

이제 윤리를 존중하고 미국과 세계 평화를 사랑하는 모든 사람들은 도널드 요한 트럼프 대통령을 위해 그가 **이 싸움에서 지치거나 현혹되지 않고 결코 물러서지 않으며 승리하도록** 깊이 기도해야 할 시기다.

하나님, 미국 대통령과 행정부를 강하게 하소서!

제3장

예수의 사역과 동성애

1. 예수의 사역은 동성애를 배제한다 1

예수는 로마 제국이 지배하는 팔레스타인 땅에서 활동하였다. 그는 하나님과 사람을 사랑하고 고통당하는 유대인들에게 하늘 나라의 기쁜 소식을 선포하면서 위로하고 강한 희망을 주었다.

유아기 시절부터 어머니의 고향 갈릴리 지방 나사렛 동네에서 자랐으며 성장하며 아버지 요셉을 도와 함께 목수일을 하면서 배웠다. 그는 비옥하고 아름다운 갈릴리 지역에서 아버지 요셉과 어머니 마리아, 그리고 네 형제들과 누이들 가운데서 성장하였다(막 6:3).

세례 요한이 요단강에서 죄 사함을 얻게 하는 회개의 세례를 베풀 때 예수는 갈릴리에서 유대 지방으로 내려와 요한에게 세례를 받았다. 이때 하늘이 갈라지고 '성령'이 비둘기처럼 내려와 예수에게 임하였으며 하늘로부터 소리가 들려온다.

너는 내 사랑하는 아들이요, 내가 너를 기뻐하노라(막 1:11).

세례를 받은 다음 그는 성령에 이끌리어 광야로 나간다. 그리고 거친 광야에서 40일 동안 머무르면서 사탄(마귀)에게 시험을 받았다(막 1:12-13). 그때 예수는 마귀의 세 가지 시험을 모두 격파하고 승리했으며 천사들이 하늘로부터 내려와 수종들었다(마 4:1-11).

갈릴리의 분봉왕 헤롯 안티파스가 세례 요한을 옥에 가두자, 그 시기부터 예수는 갈릴리를 주 무대로 공생애 사역을 시작하였다. 사역을 함께 도울 열두 제자를 선택하면서(막 3:13-19) 공생애 사역이 본격적으로 전개된다.

예수는 무엇을 주로 했는가?

어떤 부류의 사역을 했으며 무엇을 가르쳤는가?

로마가 유대인들을 지배하는 시대에 대략 3년이라는 공생애 동안, 예수는 무엇에 초점을 두고 사역을 했을까?

그 당시에 또한 오늘날 우리 시대에 예수가 하신 사역의 중요성은 무엇인가?

우리가 사는 혼란한 21세기, 도덕성이 무너지고 신앙이 혼미해진 위기의 21세기에 예수가 모범으로 보여 준 사역을 바로 이해하고 깊이 생각해 보면 현재의 여러 상황들에 직면해 '교회가 무엇을 하고 무엇을 하지 말아야 하는지,' 또한 '어떻게 사역해야 하는지'에 관한 '기준'을 알게 된다.

간단히 말하면, 예수의 사역은 이 시대에 우리가 부딪치고 있는 동성애, 성전환, 양성애, 성소수자(LGBTQ) 등을 배제한다. 오늘날 교회들은 다른 것이 아닌 예수의 사역을 이어받아 수행한다. 그렇다면 예수가 하신 '중요사역'을 오늘 교회들도 중요하게 여기고 수행하게 된다. 예수가 한 사역과 반대이거나 또는 역행하는 사역을 교회들이 할 수 없는 것이다. 21세기 우리들에게 수시로 당면한 문제들에서 중요한 질문이 일어난다.

21세기 교회들이 성공회처럼 윤리적으로 타락한 세상과 어깨를 나란히 하고 성서를 무시한 채, 동성애, 성전환, 양성애 등을 인정하고 교회 안으로 수용해도 되는가?

2015년 6월 26일

오바마의 강요로 미국연방대법원이 5:4로 '동성 결혼' 합법화의 판결을 선언하자, 그날 미국워싱턴국립성당(Washington National Cathedral, 성공회)의 장 게리 홀(Gary Hall) 신부는 '결혼 평등'(marriage equality)의 판결을 환영한다면서 '찬사문'을 발표했었다. 그는 성당에서 사제들의 동성 결혼도 인정하고 **게이, 레즈비언, 성전환자 사제들을 공개적으로 초청해** 예배 인도와 설교하도록 계획을 수립했다고 했다. 그리고 앞으로도 '성소수자' 옹호와 '결혼 평등'을 위해 힘쓰겠다고 바로 그날 성당의 입장을 밝혔다.

도저히 교회에서 상상할 수 없는 일들이 일어난 것이다. 예수의 사역을 계승하는 교회가 이처럼 소위 '동성 결혼'을 '결혼 평등'이라 말하고 성직자마저 동성애에 탐닉해도(가톨릭 사제들이 아동 성범죄를 저질러 교황이 사죄하기도 했다) 문제가 되지 않는다는 입장을 공개적으로 천명하였다.

'성전환 수술'도 아무런 문제가 없는 듯이 발표하다니, 대법원의 동성 결혼 합법화 판결에 항의는 고사하고 오히려 지지한다는 '찬사문'을 발표했다.

21세기에 기독교 교계와 학계 지도자들이 오바마의 반성서적인 동성애, 성전환 확장 정책들에 빠져 헤어나지 못하는 **역사적 비극**이 처참하게 벌어진 것이다.

그렇지만, 과연 기독교가 그처럼 반성서적 입장을 천명해도 괜찮은 것인가?

오바마가 목숨 걸고 미국과 세계 80여 국가에 확산시킨 성소수자 (LGBTQ) 양성 정책들 말이다.

과연 교회는 성공회처럼 그런 악한 정책들을 인정할 수 있는 것인가?

아니면, 그런 악한 정책들은 결단코 안된다고 강력히 계속 거절해야 하는 것일까?

하나님의 거룩한 교회들이 동성애와 성전환을 문제없는 양 일상화 할 수 있는 것일까?

아니면, 동성 결혼, 성전환은 **무서운 죄**라고 세상을 향해 반드시 경고해야 하는 것일까?

하늘이 두 쪽이 나도 절대로 안 되는 행위들이며 하나님을 대항하는 무서운 죄라고 소리치면서, 그리고 소위 '동성 결혼'은 '결혼도 아니고,' 동성애자, 성전환자는 결코 성직자일 수 없다고 소리치면서 말이다.

우리는 혼란하고 미혹된 시대에 살고 있다. 21세기 혼돈된 상황들에 처해있는 우리들에게 예수가 하신 사역을 바르게 살펴보고 바르게 이해하는 것이 절실하게 필요하다. 예수의 사역을 전체적으로 파악하고 성서를 바로 해석하여 **사역의 모델**을 **구해야** 한다.

우리 시대처럼 거짓 이론들과 거짓 주장들이 난무하는 사태들에 직면해 **"아니오"**라고 단호하게 말할 수 있는 분별력을 제공해 주는 **근거 자료를 확보함**이 필요하다. 그 이유는 사탄도 때로 천사로 가장해, 교회 안에 침투하여 사람들을 현혹하기 때문이다.

사탄이 추하고 악한 본래의 얼굴을 그대로 드러내고 교회로 들어오려 한다면, 현대 교회들은 필사적으로 막아내어 교회를 방어할 것이다. 문제는 마귀가 선량한 어린아이 모습으로, 또는 추하지 않은 외형으로 분장하고 교회 안으로 들어오려 한다는 점이다. 더러운 영이 때로 천사의 모습으로 가장하고 거룩한 성전 안으로 밀고 들어온다.

인류와 교회 역사상 우리는 지금 기독교를 산산이 파괴하려는 끈질긴 악마, 더러운 영의 공격을 계속 당하고 있다. 그리고 그 거대한 악의 공격에 직면해, 혼란을 일으키는 교계와 학계 지도자들에게 의구심이 생긴다.

인류 역사상 치열하게 벌어지는 선과 악의 싸움, 하나님의 법과 사탄의 법, 윤리적인 삶과 비윤리적인 삶, 자연 질서 존중과 자연 질서 파괴, 생명 보호와 생명 파괴의 치열한 싸움이 계속되고 있다. 미국과 기독교를 몰락시키려는 **더러운 영**(마귀)의 세력과 미국과 기독교를 구하려는 **거룩한 영**(성령)의 **세력 간에 피 흘리는 전투**가 계속되고 있다.

오바마 집권의 흙탕비가 내리는 어두운 8년이 흐른 이후, 미국과 교회, 한국과 세계 나라에 그가 심어놓은 동성애, 성전환의 상처들, 비정상의 암울한 사태들, 파괴된 가정들, 파괴된 미국 군대들, 방황하는 젊은이들, 혼란에 빠진 학계와 교계들, 자신의 혈육을 출산하지 못하는 LGBT 공동체들과 그들의 부모들, 가족들의 아픔과 눈물과 상처들, 분별력이 없는 어린 시절에 성전환 수술을 받아 이제는 다시 돌이킬 수 없는 길로 들어선 아이들, 젊은이들….

벼락 후세인 오바마는 너무나 잔인한 정책들을 어린이들, 청소년들과 젊은이들에게 실시하였다.

오늘날 교계와 학계는 **이제 더 이상 입을 다물고 가만히 있지 말고 이런 혼란과 위기의 21세기에 바른 해답들을** 제시해야 할 정황에 놓여 있다. 도덕성을 상실하고 하나님의 창조를 파괴하는 불신앙, 인간 존재를 근원에서 제거하는 **무서운 죄악**을 향해 이제 한목소리로 경고하고 대항해 속히 물리쳐야 할 위기 상황에 놓여 있다.

우리는 수많은 어린이들과 젊은이들이 행복한 가정을 이루지 못하며 비정상의 삶을 일평생 살도록 만드는 반성서적이고 비인간적인 오바마의 성소수자(LGBTQ) 정책들을 보며 더 이상 침묵하고 있을 수 없다.

그 이유는 인간을 파괴하는 죄악들에 침묵하는 교회나 교단은 창조주 하나님과 성서를 무시하고 부인하는 것이기 때문이다.

창조주 하나님과 성서를 무시하고 부인하며 동성 결혼과 성전환 수술로 인간을 파괴하는 일이 가능하고 좋은 일이라고 함께 가담한다면, 더 이상 기독교는 아닐 것이기 때문이다.

더욱이, 기독교의 경전 성서는 동성애를 '가증한 죄'로 규정하고 엄격히 금지하고 있기 때문이다. 구약 성경에는 **근친상간**이나 **수간**과 더불어 **동성애**를 하는 자들을 죽이라고 명령하고 있다.

> 누구든지 여인과 동침하듯 남자와 동침하면 둘 다 가증한 일을 행함인즉, 반드시 죽일지니 자기의 피가 자기에게로 돌아가리라(레 20:13).

이 말씀이 두렵지 않은가?

둘 다 가증한 일(Abomination), 역겨운 일(Disgustindis thing)을 행하였으니 "반드시 죽일지니"라고 명령한다.

동성애는 소돔과 고모라의 죄, 즉 하나님이 진노하시어 유황불의 심판을 내리고 도시와 인간을 화염 속에 흔적도 없이 멸망시킨 하나님을 거역하는 인간의 부도덕과 타락이 절정에 이른 대표적 죄의 상징이다.

신약에서 동성애는 하나님을 섬기지 않고 저버리는 미련하고 어두운 마음을 지닌 인간들이 저지르는 성적인 부정함이요, 수치스럽고 타락한 행위다(**롬 1:21-27**).

하나님을 등지고 무질서한 쾌락을 추구해 성적으로 '동성 결합'을 하는 자들은 **하나님 나라를 유업으로 받지 못한다**(고전 6:9-10).

다시 말해, 그들이 바라는 천국에 들어가지 못한다. 그렇기 때문에 동성애를 저지르지 않도록 조심하는 것이 의미심장하다. 동성애는 불신앙 행위요, 천국을 가로막는 죄악이며, 성적인 부도덕(Sexual immorality)이기 때문이다. 예수는 전 사역을 통해 동성애를 강력히 거절한 것이 분명하다.

다시 말해, 예수가 행한 대략 3년간의 공생애 사역에서 동성애와 성전환 등을 교회가 인정하도록 뒷받침해 줄 근거 자료는 전혀 찾을 수 없다. 0.001 % 도 없다.

예수의 사역은 크게 세 가지로 표현될 수 있다.

① 복음선포와 가르침
② 치유와 귀신 축출
③ 기적 행함

이것이 바로 **예수가 행한 사역**이요, 또한 오늘 우리 **교회와 신앙인이 예수를 본받아** '일으킬 사역'이다. 이 중요한 사역들에 비추어 교회가 성소수자

(LGBTQ)를 시인할 여지가 전혀 없음을 더욱 분명히 알게 된다.

예수는 하나님의 복음을 선포하고 가르쳤다. 즉, 예수는 설교하고 교훈을 주셨다. 예수의 사역에서 **설교와 가르침**(Preaching and teaching)이 매우 근본적이고 중요하다.

분봉왕 헤롯 안티파스(Herod Antipas)가 세례 요한을 감옥에 가두었을 때 예수는 갈릴리 지역에서 '하나님 나라의 복음'을 선포하였다.

회개하라 천국이 가까이 왔느니라(마 4:17).

때가 찼고 하나님의 나라가 가까이 왔으니 회개하고 복음을 믿으라(막 1:15).

예수는 사람들에게 천국이 가까웠기 때문에 **"회개하라"**고 선포하였다. 로마 제국의 지배 아래서 탄압당하는 유대인들에게 회개를 요구하였다. 비록, 현실이 뼈저리게 고달프고 힘들지만, 하나님의 법을 지키고 선한 행동을 하는 것이 우선이고 매우 중요함을 일깨워 준다. 예수는 사람들에게 가장 먼저 **행동의 변화**를 외친 것이다.

기독교인들은 이루 말할 수 없이 뼈저린 시련과 역경 속에서도 진실하고 성실한 행동을 함으로써 참된 신앙을 지니고 있음을 보여줄 수 있다.

천국이 가깝다는 것은 우리들이 '회개해야 함'을 뜻한다. 죄 된 생활로부터 방향을 전환하여 하나님을 향해 하나님께로 돌아오는 **삶의 새 변화**를 일으켜야 한다는 현실적인 요청이다. 하나님의 법을 어기는 죄 된 생활 방식들을 벗어 버리고, 이제 때가 되었으니 하나님 나라에 맞는 거룩하고 온전한 생활을 하라는 강력한 부르심이다.

예수는 **하나님과 하나님 나라 복음**을 선포하면서 **죄를 벗어나 하나님께로 돌아오는 회개, 즉 행동의 변화**를 근본적인 것으로 외쳤다.

복음선포는 회개를 요청한다. 다시 말해, 복음과 생활이 따로따로 분리된 것이 아니다. **복음이 선포되는 곳에 인간 행동의 변화가 동시에 일어나야 한다.**

좀 더 자세히 말하면, 복음을 받아들인다는 것은 하나님의 말씀과 질서를 무시하고 패역한 세상에 속해 쾌락과 무질서를 따르던 삶의 방식에서 벌떡 일어나 나를 지으신 창조주 **하나님을 향해** 달려와 눈물로 자복하고 **하나님의 법과 질서**를 지키며 **선하고 거룩한 삶**의 길로 접어들어 방향을 바꾸는 것이다.

회개와 복음은 불가분 연결된다.

죄 된 생활을 계속하면 복음이 들어가지 못하며, 죄를 회개할 때 복음의 역사가 일어나고 다가오는 천국을 기대할 수 있다. 믿음에는 '행동의 변화'가 따라온다.

'행동의 변화'가 없는 믿음은 진정한 믿음이 아니다. 예수는 사역을 시작한 처음부터 사람들에게 선한 행동을 일으킬 회개를 요구하였다.

세례 요한도 외쳤다.

> 회개하라 천국이 가까웠느니라(마 3:2 ; 막 1:4; 눅 3:5).

하나님을 무시하거나 등진 죄들, 하나님의 말씀을 떠나 동성애를 저지르거나 간음하거나 하나님의 법을 어긴 죄들에 대해 하나님 앞에 눈물을 흘리면서 잘못을 고백하고 더 이상 무질서하고 죄 된 생활을 하지말라!

이제 하나님의 법을 지키면서 '하나님의 백성'답게 살아라!

그렇다면 하나님의 **복음(기쁜 소식)을 믿는 사람은 하나님의 법을 지켜야 한다.** 하나님의 법을 어기면서 복음을 믿는다고 태연하게 말한다면 모순이다.

오늘날 교회에서 예수 그리스도의 복음을 선포하고 믿는다고 말하면서 성서가 금하는 죄 된 행위들을 거절하지 않고 계속한다면, 동성애, 성전환을 거절하지 않고 계속 저지르거나 계속 수용한다면, 교회는 자가당착에 빠져 있는 것이다. 진정한 복음선포의 역사가 일어나지 않은 것이다.

로마 제국의 통치 아래 짓밟힌 풀처럼 꺾여 희망을 잃고 살아가는 유대인들, A.D. 20-30년경, 로마의 지배를 받으면서 가난하고 병들고 착취당하며 서글프고 피폐한 사람들, 희망 잃은 백성들에게 '하나님의 기쁜 소식'과 '하나님 나라의 기쁜 소식'이 우렁차게 선포되었다.

또한, 그에 응해 '하나님의 백성'으로서 법을 지키고 거룩하게 살아갈 것이 강력하게 요구되었다. **'믿음'에는 '하나님의 법'을 지키는 '선한 행동'이 반드시 따라오기** 때문이다.

예수가 어느 곳에서 복음을 선포했는가?

예수는 안식일에 회당에서, 평일에는 평야, 산상, 해변, 해상, 노상, 가정 등에서 복음을 선포하고 가르쳤다. 갈릴리 전 지역을 순회하면서 전파하였다.

설교의 핵심은 **하나님**과 **하나님 나라**이며 이에 상응하는 **회개의 요청**이요, **행동의 변화**이다. 복음을 받아드리거나 듣는 사람은 죄 된 생활을 벗어 버려야 하며 불법을 벗고 정한 행동으로 반드시 변화되어야 한다.

예수가 가르친 **교훈의 핵심도 하나님**과 **하나님 나라**이고, 이에 상응하는 '진실한 삶'으로의 부름이다. 하나님 나라는 기어이 확장되고 번성한다.

예수는 산상 설교(마 5-7장), 평원 설교(눅 6:20-49), 가르침(막 9:33-10장), 비유(막 4:1-34; 마 13장; 눅 13:18-30) 등에서 '하나님 나라'를 가르치면서 이에 응답해, 회개하고, 청결한 마음과 자세를 지니도록 촉구하였다.

예수는 '산상 설교'(마 5-7장)에서 '마음의 청결'(마 5:8)과 '절대 윤리'(마 5:28-32), '완전 윤리'(마 5:48)를 가르쳤다. 하나님의 거룩한 백성으로서 삶을 위한 행동 지침인 모세의 '율법'과 관련해서도 강조하였다.

> 내가 율법이나 선지자를 폐하러 온줄로 생각하지 말라. 폐하러 온것이 아니라 완전하게 하려 함이라(마 5:17).

예수는 '율법을 폐하지 않고 완성하며'(마 5:17-18), 더욱 엄격하게 율법을 외부적 행위뿐만이 아닌, 내부적 마음 상태에도 적용시켰다.

즉, 율법은 **간음하지 말라.**

하지만, 예수는 더욱 깊숙이 **"음탕한 눈으로 여자를 보는 자는 이미 마음에 간음했다"**라고 선고했다(마 5:27).

형제에게 '미련한 놈이라 하는 자는 지옥불에 들어가게 되리라'고 경고했다. 신앙인들이 평상시 해야 할 좋은 언어와 행동의 심각성과 중요성을 강조한 것이다. 그러므로 예수는 모세의 율법보다 더욱 심오하며, 신앙인의 '온전한 성결'과 '완전한 의'를 요구한다.

> 내가 너희에게 이르노니 너희 의가 서기관과 바리새인보다 더 낫지 못하면 결단코 천국에 들어가지 못하리라 (마 5:20).

이 말씀이 상당히 충격적이지 않은가?

서기관과 바리새인보다 더 의로운 행동을 보여주어야 한다. 우리의 실제 생활 속에서 그런 의로움을 나타내고 보여주지 않는다면 천국에 들어갈 수 없다.

예수의 이 심각한 교훈을 21세기에 사는 교회들과 신앙인들은 얼마나 생생하고 의미심장하게 받아드리고 있는 걸까?

우리 시대 교단과 교회들이(동성애를 수용한 이들) 예수의 이 중대한 가르침을 제대로 알고 있는 걸까?

아니면, '사랑의 예수,' 현대는 '율법 시대'가 아닌 '복음 시대'라는 표현을 남발하면서, 하나님의 법을 무시하고 온갖 방탕한 동성애 등에 탐닉하면서도 양심의 가책조차 느끼지 못할 정도로 성서와는 다른 방향으로 가며 무너져졌는지, '믿음'은 마음의 상태뿐만이 아닌, 실질석으로 **하나님의 법**을 지키고 **성서를 존중**하며 **성결한 삶**을 살도록 우리 생활에 변화를 일으킨다.

21세기 우리 시대에 교단과 교회들이 예수처럼 '행동의 변화'를 가르치고 요구하면서 강력하게 복음을 선포하고 있는 것일까?

아니면, 예수와는 다르게 신앙과 행동이 따로따로 가도록 가르치면서 복음을 설교하는 걸까?

말로는 예수의 제자요, 기독교인이요, 예수의 사역을 한다고 하면서, 행동은 성서가 금지하는 죄악인 동성애, 성전환에 빠져서도 아무렇지도 않은

듯이 양심의 가책조차 못 느낄 정도로 성서와는 너무 다른 방향에서 오도하고 있는 것인가?

예수의 '하나님 복음' 선포와 강력한 '회개'의 요청, 바리새인보다 더 나은 '거룩하고 의로운 생활'로의 부르심 앞에 오늘날 기독교 지도자들은 외면하면서 각자 개개인의 쾌락을 쫓아가 동성애라는 죄악에 푹 빠져들었거나 그런 가증한 죄들에 대해서도 침묵하고 있다.

결국, 예수의 복음과 교훈이 아닌, **자기들 마음대로의 복음과 교훈으로, 역겨운 죄, 동성애를 두둔하면서까지 일부 교회와 교단은 교회법마저 뜯어고치고(성공회 등), 하나님의 백성으로서 '온전한 생활'을 요구하는 예수의 가르침과는 거꾸로 가고 있는 것이다.**

사제나 목사가 그들 자신이 게이요, 레즈비언이라고 동료 성직자들과 교인들 앞에 자랑스럽게 입장을 밝히는 인류와 교회 역사상 도저히 있을 수 없는 참담하고 처참한 상황들이 전개된 것이다.

오늘 그처럼 타락한 교단과 교회는 예수가 하신 사역을 '모독'하고 있다. 예수가 전한 복음이 아닌 '자기들 마음대로의 복음'을 제조하여 교인들을 위기에 빠뜨려 놓았으며, 너무 죄 된 길로 접어들도록 만들어 놓았다.

벼락 후세인 오바마 집권 8년 동안 교회와 미국을 몰락시키려 압력을 가하고 때로 보암직하고 먹음직스러운 여러 먹이들을 집어던진 사탄의 강압과 회유 앞에 교계와 학계 지도자들이 속수무책으로 넘어간 것이다.

너무 무력하게 넘어갔다. 일부 교단은 미국과 교회를 무너뜨리는 사탄의 세력에 맞서서 **싸움 한번 해보지 않고 참패**를 당했다. 그들은 행동으로 말했다.

나를 더러운 영(마귀)의 나라에서 받아 주십시오. 거룩한 생활을 포기합니다. 성서가 규정하는 가증한 죄 동성애를 죄가 아니라 말하면서 즐기겠습니다. 이제로부터 십자가를 지는 길이나 하나님의 거룩한 백성이 되는 길을 포기합니다.

일찌감치 '**백기**'를 들고 악마에게 투항했다.

얼굴에 징그러운 미소를 지으면서, 성스럽고 자비로운 눈빛을 상실하고 죄의 욕망에 이글거리는 모습들이다. 정말 그들의 얼굴에서 인자하고 품위 있는 거룩한 사제의 모습이 점점 사라지고 있다.

일부 교단과 교회 지도자들이 예수의 복음선포와 교훈과는 엉뚱한 방향으로 행진하면서 많은 교인들을 '동성애,' '성전환'이라는 타락한 죄의 진흙탕 늪 속으로 깊숙이 깊숙이 끌어들이고 있다.

"이리 들어오세요. 동성애는 죄가 아닙니다."

"자, 염려 말고 마음껏 욕망을 따릅시다."

거룩한 생활로 모범을 보이며 영혼들을 구원해야 할 사제와 목사와 최고 지성들이 타락할 수 있는가?

그들 스스로 진흙창 같은 죄악의 동성애 늪 속에 깊이 빠져 허우적거리면서 교인들마저 질퍽한 늪 속으로 발을 들여놓아 빠져들도록 잘도 이끌고 있다.

하나님이 증오하는 죄악의 깊은 늪 속 한가운데로 들어가면서 사람들을 끌어들이며 함께 빠져들어 간다. 어느 소설에 나오는 공상 이야기가 아닌, 지금 **21세기에 벌어지고 있는 무서운 현실이다.**

애틀랜타의 어느 침례교 목사님은 아들이 게이라는데, 그 아들도 같은 교회에서 사역을 한다. 교인들은 동성애를 거부하지 않는 목사를 바라보면서, '성서를 거역'하는 비정상적인 생활에 대해 은연중에 배울 것이다. 그 교회에 동성애가 퍼질 것이며, 특히, 감수성이 예민한 청소년들이 쉽사리 영향받을 수 있다.

교인들이 동성애를 해도 말려야 할 판국인데, 그 자신이 스스로 게이 결혼을 하고 두둔하는 성직자들, 그들에게 '예수의 십자가'는 어떤 의미를 지닌 것일까?

그들에게 하나님의 말씀인 성서가 무슨 의미를 지니고 있다는 말인가?

'예수의 복음'과 가르침을 완전 무시하고 성적으로 왜곡된 생활을 하면서 교인들마저 동성애라는 끈적끈적한 죄의 늪 구렁텅이로 깊숙이 끌고 들어가는 성공회 사제를 비롯한 성직자들, 목사들, 학자들 말이다.

그들은 과연 누구란 말인가?

그들이 진정 예수의 제자들인가?

아니면, 제자들로 가장한 사탄의 일꾼들일까?

하나님과 성서를 거부하고, 더러운 영 사탄의 죄를 좋다고 인정하며 따르는 그들은….

그들은 대체 무엇을 선포하고 무엇을 가르친다는 말이던가?

양동이에 아주 미세한 구멍이 뚫려도 물은 쉼 없이 빠져나간다. 동성애라는 죄를 지으면 거기 구멍이 생겨 거룩한 성령의 단비는 고일 수 없다. 맑은 물에 시커먼 먹물 방울이 떨어지면 물이 검어지듯, 죄 안에 머물러 있으면 나도 모르게 죄의 어두운 빛깔이 전체에 퍼진다. 맑고 정결하게 될 수 없다.

어떤 유명한 학자는 말했다.

> 게이나 레즈비언 가운데 신앙생활의 모범이 될만한 사람들이 있고, 반면에 이성애자 중에도 죄짓는 사람이 있기 때문에, 교회는 동성애를 죄라 하지 않고 수용할 수 있습니다.

그러나 그 진술에는 시작이 잘못되었다. 동성애 **그 자체**가 이미 성서에서 금하는 죄임을 과소평가한 주장이다. 동성애에 빠진 사람이 어떤 좋은 행위를 한두 가지나 두세 가지 했다고 해서, 하나님의 법을 위반한 '동성애 자체의 잘못'이 없어지는 것은 아니기 때문이다.

동성애, 즉 하나님이 금지한 죄 된 행위들을 벗어났을 때, 비로소 다른 좋은 행위들과 함께 신앙의 모범이 될 수 있다. 내부에 암(Cancer)을 지닌 사람이 다리가 건강해 보인다고 암이 없는 것이 아니듯, 암 자체를 치료해야 건강해진다.

예를 들어, 도둑은 때로 착한 일도 할 수 있지만, 도둑질을 계속하는 한 여전히 도둑이요, 나쁘다. 마찬가지로, 동성애자가 착한 일도 할 수 있지만, 동성애를 계속 저지르는 한 여전히 죄 속에 있는 것이다.

예수는 우리가 '온전한 생활'을 하라고 촉구하셨다.

2. 예수의 사역은 동성애를 배제한다 ②

**예수가 로마 제국의 지배 아래
억압당하며 시달리는 백성들에게 하신 사역이다.**

첫째, 복음선포와 가르침을 통해 사람들에게 행동이 변화되어 성결하고 의로운 삶을 살라고 강조하셨다.

예수가 하신 두 번째와 세 번째 사역은 그 시대 사람들에게 또한 이 시대 우리들에게 무엇을 강력히 전해줄까?

그 사역들 역시 어떤 이유든 동성애를 인정할 근거를 전혀 제공해 주지 않는다. 예수가 하신 사역 중에 두 번째는 '**치유와 엑소시즘**'을 들 수 있다.

둘째, 예수는 온갖 질병을 치료하고 귀신을 쫓아내었다(막 1:34, 39; 눅 7:21-22; 마 4:23-25).

치유와 엑소시즘은 **가장 직접적으로** 동성애, 성소수자(LGBTQ)의 행위들을 허락하지 않는다. 예수의 사역에서 **질병 치료와 귀신(Evil spirit) 축출**은 심오한 의미를 지니며 그 당시 사람들의 생활에 밀접히 관련되는 문제들이다. 신약 성경에서 귀신은 '더러운 영,' 악령, 마귀, 사탄이라고도 불렸는데(막 1:34; 눅 9:39, 42), **예수는 이 귀신들을 몰아냈다.**

의학이 발달하지 않은 예수 시대에 오늘날보다 더 많은 사람들이 질병에 걸렸으며 때로는 '더러운 영'(귀신)에 사로잡혀 큰 괴로움을 당했다. 메시아 예수는 질병으로 고통당하는 사람들을 치료하고 귀신에 사로잡혀 황폐한 삶을 사는 자들에게 귀신을 몰아내어 건강하고 정상적인 삶으로 회복시켜 주었다.

예수의 **병자 치료와 귀신 축출**은 열두 제자들에게 그대로 위임되고 사도행전에도 계속 이어진다.

이 **치유와 엑소시즘**은 예수가 유대인 율법 교사와 달리 **권위 있는 메시아**임을 보여 주는 중요한 증거로 사람들은 예수의 권위에 크게 놀랐다(막 1:27; 2:12; 마 9:8).

예수는 회당에서(막 1:23-27; 눅 4:31-37), 집에서(막 1:29; 2:1-12), 거리에서, 들에서, 마을에서, 해변에서, 만나는 곳곳에서 병자를 치유하고 악령(더러운 영, 귀신, 사탄)을 쫓아내었다.

> 더러운 귀신들(Impure spirits)도 어느 때든지 예수를 보면, 그 앞에 엎드려 부르짖으며 말하기를 당신은 하나님의 아들이니이다하니(막 3:11).

예수는 병든 자를 치료해 질병으로 늘 아프고 쇠약한 자들에게 건강을 회복시켜 주었다. 그리고 귀신에 사로잡혀 무덤에서 소리 지르는 자에게서 군대 귀신을 축출했다(마 8:28-34; 눅 8:26-39; 막 5:1-20).

질병을 치유하고 귀신(악령, 마귀, 사탄, 더러운 영)을 쫓아내어 **몸과 마음의 건강**을 되찾아 주었다. 신체뿐만이 아닌, 사람의 정신과 영혼이 다시 회복되고 살아나게 되었다.

그러므로 예수가 하신 사역을 따라 동일한 사역을 이행하는 오늘날 교단들과 교회들도 인간을 육체적 정신적 고통의 사슬에서 풀어 주는 '치유와 엑소시즘'을 잘 시행해야 함이 분명하다. 예수가 그러한 사역의 본을 보여 주셨기 때문이다.

즉, 예수가 하셨듯 오늘 교회들과 교단들도 병자를 불쌍히 여기고, 인간 정신을 사로잡은 '더러운 영'(귀신)을 몰아내어 마음에 질서와 평온을 되찾아 주며 정상적이고 건강한 상태로 회복시켜 주는 사역을 한다. 더러운 정신이 사람을 지배하지 못하도록 즉시 몰아내야 하는데, 예수가 그렇게 하셨기 때문이다.

'더러운 영'을 쫓아내고 하나님의 성령으로 채우는 것이 중요하다. 신앙인의 인격에는 악령이 아닌 성령이 자리해야 하며, 신앙인은 '더러운 영'의 인도가 아닌 거룩한 영, 즉 성령의 인도를 받아야 하기 때문이다.

'더러운 영'(귀신)은 사람을 더러운 생활로 거룩한 영은 사람을 거룩한 생활로 이끌어 간다. 21세기 혼돈의 시대에 불결하고 음흉하며 음란하고 혼미스러우며, 부도덕하고 더러운 생각들이 너무 만연하게 퍼져있다. 우리는 음란하고 더러운 생각을 벗어 버리고 청결하고 거룩한 생활을 하도록 노력해야 함이 분명하다.

그때 우리가 하나님을 볼 것이다.

> 마음이 청결한 자는 복이 있나니 그들이 하나님을 볼 것 임이요(마 5:8).

하나님의 법을 기쁨으로 지키고 온유하고 정결한 마음을 지니며 **하나님의 거룩한 영인 성령으로 교단과 교회를 채우고 우리 자신도 채우자!**

동성애는 널리 알려진 대로 질병을 유발시키고 인간 생명의 형성을 근본적으로 차단하여 제거하며 인간 생명을 파괴한다. 하지만, 예수는 인간에게서 질병을 치료하고 생명을 북돋아 주었으며 사멸되는 인간의 생명을 구해내어 살려 주었다.

오바마 집권 이전에는 미국 교회들이 시간을 내어 동성애자들을 만나 상담하고 함께 기도하면서 그들을 향해 치유 사역을 할 수 있었다.

그리스도의 사랑으로 권면해 성적 욕구가 왕성한 청소년기 시절에 한때 유혹에 이끌려 동성애를 저지른 젊은이들이 다시 바람직하게 돌아오도록 관심을 쏟을 수 있었다. 즉, 교회가 동성애자들을 향해 그리스도의 사랑을 실천할 수 있었다.

미국의 촉망되는 젊은이들이 성서에 나오는 참된 가족, 즉 질서 있고 정직하며 아름다운 가족을 형성하도록 도움을 줄 수 있었다.

그러나 미국을 '동성애자,' '성전환자 나라'(LGBT nation)로 만들려 애쓰는 버락 후세인 오바마가 교회들이 하는 이 사역을 굳이 법으로 금지시켰다(『미국이 운다! 동성애: 대한민국도 울지 않게 하라』, 2016).

그런 오바마는 집권 기간 8년 동안 미국 군대에서마저 성전환 수술을 부추겨 미국 군대와 젊은이들의 인생을 짓밟았다!

일국의 대통령이 청소년들의 인생을 망치는 동성애, 성전환을 계속 지속시키는 법을 과연 만들 수 있는지, 정신이 아찔하다.

오바마는 왜 미국 젊은이들을 성소수자(LGBTQ)의 울타리 안에 그처럼 가두고 싶어 하는 걸까?

그는 왜 청소년들이 어쩌다 동성애를 저질렀으면 다시는 헤어날 생각조차도 하지 말기를 그처럼 간절히 바랄까?

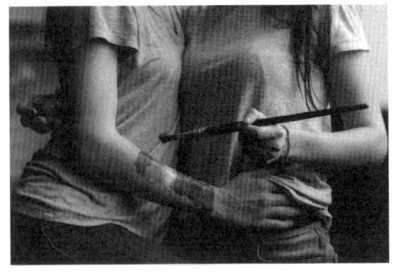 

"미국 젊은이들이여!
정말 행복한 가정을 이룰 생각조차 마라!
너희들 나올 필요 없어!
영원히 LGBTQ의 나라에서 담장을 높이 쌓고 네 인생을 거기서 끝내라!"
오바마의 명령이다.

그는 총명한 미국 청소년들을 LGBTQ의 나라로 몰아넣고 높은 벽을 쌓아 그 안에 영원히 가두고 못을 탕탕 박는다.

그리고 회심의 미소를 짓고 있는가?

나라의 최고 지도자가 한두 명, 한두 그룹이 아닌, 미국 LGBTQ 청소년 모두를 울타리를 높이 세워 그 안에 가두어 버렸다. 그리고 사탕들을 던진다.

"자 여기 달콤한 먹이들이 많이 있으니 그 높은 벽 안에서 나올 생각 말고 달콤한 사탕들이나 주워 먹으면서 네 인생을 네 세대로 끝내거라!"

"더 이상 네가 낳을 아기는 필요 없어!
미국인들이 너무 많거든!
미국인 수를 줄이고, 그 대신 이슬람 국가들에서 온 이주민(migrants)을 미국 시민으로 만들면 되지!"

"미국은 무슬림 이주민들을 많이 수용해야 해!

암, 본래 미국인들은 동성애, 성전환 등으로 아기를 못낳게 만들고…."

미국 청소년들이 동성애를 벗지 못하도록 어찌하든 계략을 짜낸 버락 후세인 오바마, 미국의 역대 대통령들과 확연히 다르게 총명한 미국 젊은이들의 출산을 완전히 금지시키는데 별나게 앞장서고 별나게 성공한 오바마, 그는 자녀들이 동성애에서 벗어나 행복한 가정을 이루기 원하는 부모들과 교회들의 꿈을 잔인하게 짓밟았다.

"그냥 둬, 교회가 왜 간섭이야!"

"교회는 간섭말고 그들이 동성애, 성전환에 빠져 살게 두라고, 그들 세대로 모두 끝내도록…."

오바마의 명령이다.

예수는 공생애 사역을 통해 사람들의 질병을 치료하고 '더러운 영'을 쫓아내어 인간을 건강한 몸으로 회복시켰지만, 반성서적인 버락 후세인 오바마의 악한 정책들에 굴복한 21세기 기독교 지도자들은 질병을 유발시키며 '더러운 영'을 쫓지 않고 오히려 사람들에게 들어오도록 만든다.

그들은 예수의 사역과 거꾸로 하고 있다.

예수는 질병을 치료하고 '더러운 영'(귀신)을 쫓아냈지만, 눈먼 교계와 학계 지도자들은 동성애를 옹호해 질병을 일으키고 '더러운 영'을 교회로 불러들여 교인들 안에 들어가 자리 잡도록 만든다. 오늘 눈먼 지도자들은 **예수의 사역과 정반대로** 하고 있는 것이다.

예수는 귀신(더러운 영)을 **쫓아냈지만,** 그들은 귀신을 교회로 **불러들인다.** 사제와 목사 자신들이 더러운 정신에 사로잡혀 동성애에 빠지고 교인들에게 반성서적 삶의 모델을 그럴싸하게 보여 준다.

도대체, 그리스도의 몸인 교회(엡 1:22, 23)는 어찌되라는 말이냐!

하나님의 거룩한 영의 역사가 약해지고 사탄의 불결한 영의 역사가 교회 안에 잠입해 점점 세력을 키운다면, 또한 사탄의 세력을 확장시키고 하나님의 거룩한 역사가 약해지도록 교회법마저 개정한다면, 하나님의 거룩한 성전인 교회는 어찌되어도 상관없다는 말이더냐!

사탄에게 거룩한 하나님의 교회를 양보하려 한다는 말이더냐!

예수의 십자가와 부활의 복음을 선포하는 교회, 거룩한 하나님의 성전, 초대교회의 수많은 순교자들이 피 흘려 세워진 하나님의 거룩한 교회, 이 거룩한 교회에 '더러운 영'들이 점점 세력을 늘리면 커진 악귀의 세력들이 어느 시점에 이르러 하나님의 거룩한 교회를 짓밟고 무너뜨릴 수 있다.

그때 인류와 교회 역사에 처절한 비극이 생기리라!

21세기 오늘날 이미 교회는 '더러운 영'들에게 너무 많이 양보했다.

워싱턴 가까이 어느 교회는 교회 내에 LGBT 부서를 두고 있으며 교회 담에 무지개 휘장을 걸쳐놓기도 했다.

사탄이 하나님의 교회에 충분한 거점을 확보할 수 있을 만큼, 교회는 '더러운 영'들을 교회 안으로 너무 끌어들이고 포용하였다.

하지만, **이제 늦기 전에** 기독교가 붕괴를 향해 달리기 이전에 몰락의 궤도에서 더 이상 돌이킬 수 없기 전에, 트럼프의 새 시대에 우리 모두 재옷을 입고 하나님 앞에서 피 눈물을 흘리자!

인류와 교회 역사상 처참하고 끔찍한 잘못들에서 이제 돌이키자!

예수가 하신 사역의 세 번째는 '기적 행함'이다.

셋째, 예수는 기적을 일으킴으로써 하나님의 아들로서 권위(authority)를 보여 주었다.

예수는 많은 기적들을 베풀었다. 자연 기적, 의료 기적, 음식 기적 등 많은 범상치 않은 기적들을 일으켜 사람들을 크게 놀라게 했다.

대표적인 예로 풍랑을 잔잔케 한 기적(마 8:23-27; 막 4:35-41; 눅 8:22-25), 날 때부터 소경이 눈을 뜬 기적(요 9:1-7), 죽은 자를 살린 기적(막 5:21-43; 마 9:18-26; 눅 7:11-17; 요 11:1-44), 오병이어의 기적(마 14:15-21; 막 6:34-44; 눅 9:12-17; 요 6:6-13), 가나안 포도주의 기적(요 2:1-12) 등을 꼽을 수 있다.

예수가 행한 기적들은 하나님의 아들 **메시아로서의 권위와 능력**을 드러내고 보여 준다. 예수는 신적인 능력으로 놀라운 기적을 일으켜 고통당하고 위기 속에 처한 사람들을 구해 주었다. 신적인 기적을 베풀어 치료 불가능한 질병들을 치료하고 이미 죽은 사람마저 다시 살려내었다.

요한복음에서 예수는 **7가지 기적**(Signs, 표적)을 행하였다.

① 가나 포도주의 기적(요 2:1-11)

② 관리의 병든 아들 치료(요 4:43-54)

③ 베데스다 못에서 38년 된 병자 치료(요 5:1-15)

④ 오병이어의 기적(요 6:1-14)

⑤ 바다 위를 걸으심(요 6:16-21)

⑥ 날 때부터 소경된 자 치유(요 9:1-12)

⑦ 죽은 나사로를 살리심(요 11:1-44)

그 외에도 다른 많은 기적들을 일으켰다(요 12:37; 20:30). 예수는 그 기적들을 통해 그가 지닌 영광(Glory)과 신성(Divinity)을 드러내 보였으며, 예수만이 지닌 **신적인 권위와 능력**을 보여 줌으로써 사람들에게 하나님의 아들 그리스도 예수를 믿도록 신앙심을 불러일으켰다(요 11:45, 47-48; 20:31).

예수는 기적을 일으킴으로 **인간이 건강하고 생기있도록** 북돋아 주었다. 하나님의 형상을 지닌 인간을 두르고 있는 고난과 압박에서 풀어 주고 그들이 당하는 배고픔과 필요를 채워 주었다. 예수는 기적을 베풀어 슬픔을 위로하며 어두움으로 둘러싸인 소경의 눈을 열어 주었다. 놀라운 기적을 일으켜 죽음과 파멸과 시련, 더할 수 없는 절망과 고통과 몰락으로 허덕이는 사람들을 구출해 주었다.

즉, 예수가 베푼 **기적의 목적**은 하나님의 능력으로 인간에게 **넘치는 생명력을 주고 인간을 더욱 건강**해지도록 만드는 것이다. 인간에게 생존을 위한 기본적인 필요를 채워 주고, 위기를 극복하며, 두려움과 고통과 염려, 죽음과 파멸로부터 쓰러져가는 사람들을 **구조해 내어 살리고 새 생명과 소망을 주는 것이다.** 그리하여 창조주 하나님과 구세주 예수 그리스도를 믿도록 기적을 통해 생생한 믿음을 유발시키는 것이다.

그 기적들은 **인간 생명**을 보호한다. 다시 말해, **인간을 더욱 강건하고 더욱 튼튼하게 하며 더욱 안전하게** 만들었다. 예수는 현재 당하는 큰 풍랑과 파멸과 사망이 입을 벌린 배 위에서 풍랑을 잔잔하게 하고 멈추게 하였다.

예수는 하나님(요 6:20), 하나님의 아들 메시아의 권위로 놀라운 명령을 내리고 기적을 베풀었다.

굶주린 자들이 쓰러지지 않도록 기적을 베풀며 실망의 깊숙한 늪 속으로 빠져들며 죽어가는 사람들을 건져낸다. 그들의 인생이 사람들에게 소외당하고 버림받으며 두려움과 절망으로 늘 탄식하고 눈물을 흘리며 고함치는 사람들에게 창조주 하나님의 놀라운 능력으로 기적을 일으켜 눈물을 닦아 주었다.

어두움이 변하여 빛이 되게 하였으며, 움직일 수 없이 냄새를 풍기며 죽어가는 육체가 또는 죽은 몸이 생명을 얻어 다시 살아나 움직이고 건전한 육체와 정신을 지니도록 놀라운 '**새 창조**'를 일으켰다.

구체적인 예를 들어, 예수는 주린 자들에게 음식을 제공(오병이어)하여 굶주림에서 나와 생명을 잘 유지하며 활력을 지니도록 도와주었다. 예수는 바다에서 사나운 광풍을 잔잔케 하는 창조주 하나님의 기적으로 배와 함께 침몰해 소리지르며 죽어 가는 제자들을 구조해 주었다.

예수가 많은 기적들과 표적들을 일으킬 때 군중들은 너무 놀라고 감탄했지만, 예수는 사람들에게 찬사와 높임을 받으려는 이유로 기적을 베풀지는 않았다. 예수는 **사람들을 살리고 생명을 보호하며 참 희망을 주기 위해, 또한 하나님과 하나님의 아들 메시아 예수를 믿도록** 이끌기 위해 기적을 일으켰다.

21세기의 오늘날 기독교 교단들과 교회들은 예수가 모범으로 보이고 행하신 지상 사역, 그 사역들을 모델로 삼아 동일한 사역들을 수행한다. 예수가 보여 준 그 사역들을 오늘날 사역의 표본으로 삼고 따른다.

예수가 땅 위에서 하신 사역, **복음선포와 가르침, 치유와 귀신 축출, 기적 행함 등의 사역**은 21세기 오늘 교단과 **교회 사역이 무엇을 해야** 하고, 무엇을 하지 말아야 하는지를 알려 주는 **중요한 지침**이다.

첫째, 예수는 하나님과 하나님 나라의 **복음을 선포**하면서 **행동의 변화를 촉구했으며** 교훈을 통해 한점 흠 없는 **절대 윤리와 의로운 삶을 살도록 요구**하였다.

둘째, 예수는 **질병을 치료하고**, '**더러운 영**'(귀신)을 사정없이 **몰아냈다**. 거기에 중립은 없다. '더러운 영'에서 놓임 받은 사람들이 정결한 생활을 하도록 적극 도왔다.

셋째, 예수는 하나님의 아들 **메시아로서 권위와 능력**으로 놀라운 기적들(표적들)을 베풀어 **인간 육체와 생명을 보호하고 건강을 증진**시키며 캄캄한 죽음에서 살려 주었다.

하나님과 하나님 나라의 복음을 선포하면서 회개를 요구하고 성결한 삶을 살도록 요청한 사역, 인간의 질병을 치료하고 비정상의 해로운 삶의 원인 '더러운 영'(unclean spirit), 더러운 정신, 귀신을 사정없이 쫓아낸 사역, 기적을 베풀어 인간 생명을 촉진하고 구조하며 생명을 일으킴으로 하나님과 예수에 대한 믿음을 유발시킨 사역이다.

이러한 예수의 사역들에 비추어 인간 생명을 파괴해 제거하며 창조주 하나님에 반역하는 비정상의 동성애, 성전환 등을 교단과 교회가 결코 수용할 수 없음이 매우 명백해진다.

이 무서운 죄 된 행동들, 예수가 모범으로 시행하고 보여 준 사역과는 거꾸로 가는 동성애, 성전환, 성소수자(LGBTQ) 정책을 교단과 교회가 거절해야 함은 너무나 확실하지 않은가?

3. 지금은 트럼프 펜스 시대: 오마마의 LGBT 사라져야

참으로 있을 수 없는 일이 일어났다. 버락 후세인 오바마 시대에 미국 군인들에게마저 '성전환 수술'(gender-transpositon surgeries)을 부추겼다는 것이다. 군대가 지휘관을 잘못 만나면 얼마나 쉽게 무너지는지를 단적으로 보여 주는 사건이다

지금은 성서 두 권에 손을 얹고 2017년 1월 20일에 미국 제45대 대통령으로 취임한 트럼프 행정부, 즉 트럼프-펜스 시대다. **트럼프 정부가 들어서자 오바마의 백악관에 있던 성소수자(LGBT) 부서를 없앴다.**

오바마가 해마다 6월에 개최하던 '자랑스러운 게이의 달,' '자랑스러운 성소수자(LGBT)의 달' 행사도 트럼프 정부는 열지 않았다. 병든 행사가 중단되어 참으로 다행이다. 그런데 대한민국 문재인 정부는 부끄러운 '퀴어 축제'(2017. 7. 14-23일)에 국가인권위원회를 통해 지원하였다.

적폐 청산을 외쳐대는 문재인 정부가 어쩌다가 이처럼 이전 정부도 하지 않던 잘못을 했는지, 버락 후세인 오바마가 퇴임 후 한국을 방문했기 때문일까?

트럼프 대통령이 한국을 방문한지 얼마 안 되어 오바마 전 대통령도 한국을 방문했었다. 오바마의 LGBTQ 정책이 트럼프 시대에도 잘되기를 바랬을 것이다.

그래야 한국이 어려워 질테니까!

아마 국민 95% 이상이 동성애를 반대하고 교회와 시민들, 특히 청소년 자녀를 둔 부모들의 거센 항의에도 불구하고, 박원순 서울시장이 안일하게 '퀴어축제'를 허락한 것은 오마마의 비위를 맞추기 위해서 우리 대한민국

과 국민을 무시하고 윤리적, 생물학적, 과학적, 성서적으로 국가와 국민을 몰락으로 이끈 처사이다. 정치 지도자들은 무엇이 진정으로 국가와 국민을 위한 것인지를 냉정히 관찰하고 판단할 수 있어야 하며, 나라와 가정의 기초를 허무는 소위 동성 결혼, 성전환 등을 거절해야 함은 지당하다.

버락 후세인 오바마!

재임 기간 동안 가난한 자, 학생들을 위한 좋은 정책(학자금 대출) 등이 있었다고 말해진다. 하지만, 큰 문제는 임기 8년 동안 동성애와 LGBTQ의 확장, 미국의 이슬람화를 맹렬히 추진했다는 점이다.

기독교 전통 위에 세워진 나라 미국을 비기독교적으로 근본부터 변질시키려고 무척 애를 썼다. **오바마 집권 시기에 미국은 정상적인 궤도를 이탈하였다.** 미국 안에서 대낮에 이슬람이 도발한 9.11테러(2001년)로 뉴욕 무역센터 110층의 쌍둥이 빌딩이 폭파되고 무고한 사람 3,000명 이상이 죽었으며, 심지어 미국방부 **펜타곤까지 공격을 당해 파괴되고 집무자들이 죽었음에도 불구하고,** 미국에서 '반기독교 친이슬람 정책'을 밀어붙인 것이다.

오바마는 동성애와 이슬람 옹호 및 확산 정책을 미국뿐만이 아닌 세계적으로 지나치게 전개하기 시작하였다. 미국 관공서와 나사(NASA)에도 무슬림 고용을 종용하며 국내와 국제 이슬람 연구 단체 및 기관들을 조성해 놓았다. 미국과 한국과 세계를 이슬람화하기 위해 8년 동안 온 힘을 다해온 것으로 보인다.

반면, 윤리적인 사람들과 기독교인들을 탄압하였다. 특히, 동성애, 성소수자(LGBT) 옹호 확산 정책을 급속도로 시행하면서 도덕적이고 모범적인 미국인들, 기독교 신앙인들을 박해하였다(『미국이 운다! 동성애: 대한민국도 울지 않게 하라』, 2016).

성전환, 동성애와 소위 동성 결혼을 미국 전역에 급속히 확산시키고 뿌리 깊이 심어 놓으려는 버락 후세인 오바마와 정부의 압력 때문에, 동성 결혼을 결사적으로 반대한 독실한 크리스쳔 알라바마 주 대법원장 로이 무어(Roy Moore)마저 대법원장 직위에서 물러나야만 했다. 그것은 정상적인 사회라면 불가능한 일이다.

반성서적, 비과학적, 인간 파괴적인 '동성 결혼'을 반대한다고 대법원장 직위가 박탈당하다니, 오바마 아래 미국은 심각하게 비정상의 부도덕한 나라로 변질되었다.

다른 판사들에게도 그런 압력들이 가해졌다. 오바마는 인간 생성을 원천적으로 차단해 땅 위에서 인류 존속을 파괴하는 소위 '동성 결혼'과 '성전환' 등이 자랑스럽다고 우기면서 미국 전체 50개 주에 시행을 강요하였다.

오바마 이전 미국은 50개의 주 가운데 단지 두 개의 주만이 동성애를 인정할 정도로 미국인들은 동성애를 거부하면서 부정적인 시각을 지녔었다. 오바마는 '동성 결혼,' '성전환 확산' 정책에 반대하면 각 주에 지급하는 연방 정부의 재정 지원을 중단한다는 등 위협을 가하면서 미국인에게 해로운 정책을 50개 주 전 지역에 강요하고 뿌리 깊이 심어 놓으려 심혈의 노력을 쏟았다.

왜일까?

정상인의 사고로는 불가능한 일이다!

그에게 숨겨진 의도가 있어 보인다!

그야말로 21세기에 기독교 국가 초강국 미국에서 모범적인 미국인, 성실한 기독교인이 박해당하는 믿기지 않는 참담한 사태가 버락 후세인 오바마 집권 8년 동안 미국에서 일어난 것이다.

그 비정상의 암울하고 타락한 시대가 지나가고 다행스럽게도 지금, '트럼프-펜스 시대'가 우리 앞에 열렸다.

하나님의 크신 은혜가 아니랴!

아, 얼마나 다행인가!

오바마가 미국에 LGBT를 깊이 심어 놓기 위해 실시한 정책들이 너무 많은 것 같다. 우리가 그 정책의 많은 내용들을 모두 알 수는 없겠지만, 언론에 보도된 내용을 보고 얼마간은 알고 있다.

3일 전 또 한번의 충격을 받았다. 벼락 후세인 오바마 시대 국방부에서 미국 현역 군인들에게 '성전환 수술비'를 지불했다는 것이다.

미국 현역 군인들에게마저 성전환 수술을 하라고 돈을 지원하며 부추긴다!

상상조차 어려운 끔찍한 일이며 이런 비정상의 일에 입 다물고 있는 바이든 부통령과 펠로시의 민주당 역시 제정신을 잃은 것으로 나타난다. 무엇엔가 홀린 것 같다.

미국 국방을 책임진 군인들에게 성전환 수술을 부추긴 오바마, 그는 진정 누구일까?

너무 무섭지 않은가?

어떻게 전투태세를 갖춘 군인들에게 '성전환 수술'을 하라고 재정을 지원하는가!

어떻게 그런 파괴적인 일을 미국 군대를 향해 할 수 있을까?

건강한 신체에 칼을 들이대어 고통스럽고 위험한 성전환 수술을 하면 2-3달 정도 치료 기간이 필요해 휴식을 취해야 하고, 수술 후에도 매달 호르몬 투입을 계속해야 된다는데….

어떻게 군대에 성전환 수술을 부추기나!

충격, 충격의 연속이다!

국민 세금을 그런데 쓰다니!

성전환은 군대 전투력을 심각히 마비시키는 것이다.

대통령이 어찌 그런 반역적인 일을 시행하였을까?

성전환이라니!

젊은 미국 군인들에게 '성전환 수술'을 부추겨 고통을 당한 후에 '남성도 여성도 아닌,' '비정상' 외계인과 같은 괴물을 만들어 놓으려 했나?

하나님이 창조한 순수한 인간 존재를 변질시키고 미국 젊은이들을 생식 능력이 제거된 불투명의 존재로 만들어 출생을 차단시키려는 버락 후세인 오바마의 악한 정책에 입이 벌어질 뿐이다.

이제 트럼프 정부는 오바마 정부의 이 모든 잘못들을 바로잡아야 하는 중대한 시점에 서 있다. 그런데 윤리를 저버린 오바마의 잔존 세력들, 이슬람 세력들, 민주당 급진 세력들이 기를 쓰고 반대하며 방해한다.

미국이 오바마 시대에 상실한 바른 가치관과 도덕성을 회복하고, 참된 가족을 존중하며 하나님 앞으로 돌아오도록 우리 모두 기도하고 인간 파괴적인 정책들에 대항해 바른 정책들을 펼치는 정치인들에게 뜨거운 지원을 보내자!

이제 미국이 이탈한 곳에서 정상 궤도로 다시 돌아오도록 회복시켜야 하는 막중한 과제를 지닌 트럼프 대통령을 위해 기도하고 우리 모두 마음속 깊이 우러나는 지원을 보내야겠다.

4. 복음을 전한 예수 – 동성애, 성전환은 무서운 죄다

예수가 동성애, 성소수자(LGBT)를 조금이라도 인정할까?

버락 후세인 오바마 집권 8년 동안 미국에 남긴 가장 최대 유산이 '동성애,' 'LGBT'라고 말한다. 미국이 8년 동안 동성애, 성전환, LGBTQ를 양상하며 급속도로 비윤리적인 타락의 길로 접어들었다는 것이다. 정치가들은 물론 일부 교단과 지도자들마저 변질되어 하나님과 성서를 거역하면서 오바마에게 화합하였다.

이런 혼돈되고 암울한 사태에서 질문하지 않을 수 없다.

① 예수와 성서는 동성애를 희미하게라도 인정했는가?
② 교회에서 동성 결혼을 해도 정말 괜찮은가?

예수는 가장 먼저 '하나님과 하나님 나라의 복음'을 선포하였다.

세례 요한이 감옥에 갇히자 예수가 갈릴리에 와서 공적인 사역을 시작하면서 가장 먼저 선포한 것은 **하나님의 복음**(Gospel of God, 막 1:14)과 하나님 나라의 복음(Gospel of the kingdom of God, 막 1:15)이다.

오늘 교회는 '하나님의 복음,' '하나님 나라의 복음'을 전한다. 하나님에 대한 기쁜 소식, 하나님이 주시는 좋은 소식, 하나님의 좋은 소식이다. 하나님 나라, 천국의 기쁜 소식, 예수그리스도의 복음이다.

예수가 처음 선포한 메시지는 사복음서에 퍼져있으며 초기 사도들의 활동을 기록한 사도행전에도 지속된다. 사도 바울이 생애 마지막 무렵 죄수로 로마에 도착해 가택연금 상태에서 찾아오는 사람들에게 '하나님의 나라'

를 전파하며 **예수 그리스도에 대한 모든 것**을 담대하게 가르쳤다(행 28:31).

예수는 하나님의 기쁜 소식을 선포하였다.

무엇이 기쁜 소식인가?

바로 **하나님**(God)이 기쁜 소식이다.

하나님이 정말로 우리에게 기쁜 소식인가?

그렇다, 하나님이 정말로 우리에게 '좋은 소식,' '반가운 소식,' '기쁜 소식'이다. 이 세상일로 지치고 낙심하며 골몰한 사람들에게 좋은 소식이 선포된다.

"하나님을 보라!

하나님이 당신을 사랑하신다!

하나님을 의지하라!"

좋은 소식이 온 지방 모든 사람들에게 전파된다. 하나님은 무한한 능력의 창조주다. 그 하나님은 예수를 세상에 보내어 우리가 영생을 얻게 하셨다.

우리에게 영생은 무엇인가?

오랜 인류 역사 속에서 인간이 죽지 않고 영원히 사는 영생이란 요원한 꿈과 같은 것이었다. 우리 앞서 오랜 인류 역사 속에 발자취를 남긴 많은 사람들은 어김없이 다가오는 죽음을 반가워하지 않았다. 가능하다면 죽음을 피하고 싶고 더욱 오래 살기를 염원했다. 그래서 인류 역사 속에 진시황제 같은 임금은 불로초를 찾으면서 늙거나 죽지 않고 영원히 살기를 갈망했다.

하지만, 인간 스스로 늙지 않거나 죽지 않는 '영생,' '영원한 삶'을 획득할 수 있는 방법은 없다. 또한, 시 공간 속에서 모두 변하며 사라지는 세상의 것들을 통해 변하지 않고 사라지지 않는 '영생'을 얻을 수 있는 방법은 없다. 오직 '창조주 하나님'만이 우리에게 죽음을 초월한 '영생'을 주실 수 있다.

'인간 생명의 탄생'이 생명의 주이신 '하나님의 창조 법칙'을 따라오듯, '영생'도 창조주 '하나님의 창조 법칙'을 통해 온다.

우리 생명의 창조주 하나님은 '예수를 통해' 우리들이 '영생'(Eternal life)을 얻게 하셨다. 하나님은 독생자 예수를 세상에 탄생하게 하시고 **'누구든지 예수 믿으면 멸망하지 않고 영생을 얻도록'** 길을 열어 놓으셨다(요 3:16; 14:6). 우리에게 영생을 주시는 창조주 하나님의 법칙이다.

이 세상에서 예수는 '하나님'과 '하나님 나라'의 기쁜 소식을 전했다. 하나님은 태초에 천지를 창조하고 마지막 날에 **하나님의 형상대로 남자와 여자**를 창조하였다. 그리고 복을 주시며 말씀하셨다.

> 생육하고 번성하여 땅에 충만하라 땅을 정복하라(창 1:28).
> Be fruitful and increase in number, fill the earth and subdue it.

하나님은 사람을 창조하시고 축복하시면서 **"후손을 낳고 번성해 땅에 가득하라"**고 말씀하셨다. 그리하여 하나님의 창조 법칙을 따라 남녀는 한 몸이 되어(결혼) 가정을 이루고 출산하며 번성하게 된다(창 2:24).

인간 존재가 땅 위에서 번성하기를 바라는 창조주 하나님에게 인간 존재의 생성을 차단하는 동성애, 성전환은 하나님의 명령에 항명하는 반역이므로 절대로 안된다.

동성애, 성전환, LGBTQ는 하나님이 창조한 인간 존재를 기저에서 파괴하기 때문이다. 창조주 하나님에 반역하는 행위요 생명있는 존재들을 제거하고 소멸시키는 죄악이다.

아름다운 정원 지구 위에서 남녀가 결합(결혼)해 아기를 출생하고 부부가 서로 사랑하며 행복하게 번성하기를 바라는 하나님께 인간 존재의 형성을 원천적으로 차단하고 아기를 근원에서 제거하는 무자비하고 황폐한 동성애, 동성 결혼, 성전환 수술, 이것들은 **끔찍한 죄악임이** 분명하다!

더욱이, 하나님은 거룩하시다.

"거룩, 거룩, 거룩, 전능하신 주여…."

우리가 주님의 거룩하심을 찬송한다.

우리가 하나님을 말할 때, 그 '거룩하심'과 '위엄'을 떠올리게 된다. 하나님은 거룩하시다.

> 내가 거룩하니 너희도 거룩할지어다(레 11:44-45; 19:2).
>
> Be holy because I am holy.

> 거룩하다 거룩하다 거룩하다 만군의 여호와여 그의 영광이 온땅에 충만하도다(사 6:3).
>
> Holy, holy, holy, is the Lord of hosts The whole earth is full of His glory.

하나님, 거룩, 거룩, 거룩하신 만군의 하나님!

찬란한 빛가운 데 계시며 빛보다 더 광채가 나시는 분, 그 분에게는 한점의 구름이나 어두움이 없다. 무질서나 혼돈이 전혀 없다. 비정상의 동성 결혼, 성전환과는 거리가 아득하게 멀다.

하나님, 우리를 만드신 하나님!

무한히 신비로우신 분!

전지전능하시고 무소부재하신 분!

끝도 없는 방대한 우주를 지으시고 한 치의 오차도 없이 운행하시는 모든 것 위에 뛰어난 최고 통치자 하나님!

그 하나님이 말씀하신다.

> 내가 거룩하니 너희도 거룩하라(레 11:45).

그런데 우리가 어떻게 하나님처럼 거룩할 수 있는가?

어떻게 거룩한 하나님의 백성이 될 수 있는가?

용암이 분출하면 주위가 온통 화산재로 덮이듯, 혼돈과 흑암의 재가 난무하게 솟구치는 21세기 이 시대, 예수가 책망하시듯 악하고 음란한 이 시대에 어떻게 우리가 죄에 물들지 않고 거룩해 질 수 있나?

어떻게 우리는 거룩해 질 수 있을까?

하나님의 말씀대로 거룩해지려고 우리들이 노력하고 집중하는데, 매일 찬송을 부르고 성경을 읽고 기도하면서 성령으로 충만해 거룩해지기를 힘쓰는데, 저 높은 곳을 향하여 괴로우나 즐거우나 날마다 나아가는데, 동성애, 성전환 등이 스며들 틈은 없는 것이다.

> 때가 찼고 하나님 나라가 가까이 왔으니 회개하고 복음을 믿으라(막 1:15).

예수가 **하나님 나라**를 선포한다. 하나님 나라 또는 하나님 왕국은 하나님에 대한 기쁜 소식이다. 예수는 하나님 나라를 가르치고 알려 주었다.

눈에 보이는 이 세상 나라들이 전부가 아니다. 유대인을 지배하는 로마 제국이 전부가 아니다. 보이는 지상의 강대국인 로마 제국보다 '훨씬 강하고 능력 있는' 보이지 않는 '초강대국 하나님 나라'가 있다. 이 로마 제국보다 무한히 강력한 '하나님 나라'가 가까이 왔다는 반가운 소식이 온 유대 땅에 울려 퍼진다. 악한 세상의 권력들에 의해 억압과 고통당하는 사람들에게 **하나님 나라**가 가까이 왔다는 기쁜 소식이 온통 퍼진다.

"지상의 강대국 로마 제국과 불의한 권력자, 악한 인간들에 의해 억압당하고 착취와 고통당하는 사람들이여, 너무 실망하지 말라!

전능하신 창조주 하나님, 우주의 최고 통치자, 능력자가 돌보고 있다!

사랑의 나라, 정의의 나라, 온 우주와 세계를 다스리는 초강대국 **하나님 나라**가 우리들 가까이 왔다!"

"우주의 최고 통지자 하나님이 이 세상 왕국들을 사랑과 공평으로 치리하실 것이다.

고통당하는 사람들이여!

세상 왕국에 몰두한 사람들이여!

눈을 들어 하나님을 바라보라!

온 우주의 초강대국 하나님 나라를 바라보라!"

예수는 공생애 사역에서 '하나님'과 '하나님 나라'를 선포하면서 사람들이 하나님을 거역한 잘못과 죄에서 돌이켜야 한다는 회개를 촉구하였다. 그리하여 무질서하고 죄악 된 생활에서 일어나 회개하고, 하나님 나라에 어울리는 깨끗한 생활할 것을 요구했다.

수고하고 무거운 짐을 진 이 땅 위 사람들에게 거룩한 하나님과 그 나라를 전하면서 **행동이 거룩하게 변화되기를** 요청하는 예수에게 LGBTQ는 너무 거리가 멀다.

유대인들은 그 당시 강력한 로마 제국의 지배 아래 있었다. 예루살렘 성전이 파괴되는 것을 역사 속에서 체험하였으므로 (1차 파괴 B.C. 586년, 2차 파손 B.C.168년, 3차 파손 B.C. 63년, 4차 파괴 A.D. 70년) 성전과 나라를 잃은 절망감으로 가득한 유대인들, 그들은 속국의 국민으로서 로마인들의 압제에 시달렸다. 나라를 잃고 신앙의 자유를 상실한 유대인들은 말 못할 슬픔과 절망을 느꼈다.

그들은 나라를 잃어버린 바벨론 포로기(1차 포로 B.C. 605년, 2차 포로 B.C. 597, 3차 포로 B.C. 586년)이후, 메시아가 다윗 왕조에서 출현하여(삼하 7:13, 16) 유대 나라를 다시 되찾아 세워 주고 예루살렘 성전을 복구시켜 주기를 고대하였다.

솔로몬이 금은보화로 만든 웅장하고 아름다운 성전이 무너지고 약탈당하며 나라를 잃어버린 백성들, 그들은 참혹한 북이스라엘의 멸망(B.C. 722년)과 남유다의 멸망(B.C. 586년), 포로기의 고통스러운 역사를 겪으면서도 하나님이 아브라함에게 하신 계약(창 12:2-3; 15:18-21; 17:7-14; 22:15-18) 과 다윗에게 하신 영원한 계약(삼하 7:12-13, 16)을 바탕으로 '다윗 왕조'에서 출현할 '메시아'를 고대하였다.

구약 시대에 다윗 왕조가 앗시리아, 바벨론, 페르시아 제국의 지배로 무너지고, 신구약 중간기에 그리스 제국, 신약 시대에 로마가 유대 땅을 점령하면서 종속국이 된 유대인들에게 메시아 대망은 계속 이어져 예수 시대에는 다윗 왕조에서 메시야가 출현해 무력으로 로마 제국을 전복시키고 유대 민족을 해방시키며 독립을 가져다줄 '정치적 메시아'를 고대하고 있었다.

"다윗의 후손에서 메시아가 출현하여 로마 제국을 패배시키고 이스라엘 왕국을 회복하리라!"

메시아는 다윗 왕처럼 영토를 확장시킬 것이고 유대인은 다시금 번창할 것이다. 그 왕국은 영원하며 다시는 무너지지 않으리라(눅 1:31-33).

강력한 로마 제국의 지배를 받으면서 속국의 국민으로서 당하는 시련과 고난이 크면 클수록, 유대인들의 메시아 대망도 더욱 간절해졌다.

그처럼 나라를 빼앗기고 로마 제국의 통치 아래 시달리는 유대인들에게 로마 제국보다 비교할 수 없이 막강하고 **로마 제국도 그 아래 종속되어야 하는** 하나님 나라(천국)가 가까이 와 있다는 것은 큰 기쁨의 소식이다.

예수는 절망스러운 역사의 현실 속에서 신음하는 백성들에게 **하나님**과 **하나님 나라**를 선포하면서 외쳤다.

"회개하라!"

하나님 나라가 이 땅에 온다는 것은 그에 대한 준비를 해야 함도 알려 준다. 즉, 사람들은 질편한 죄에서 돌이키고 더 이상 죄를 짓지 말며 거룩한 백성으로서 살아가야 한다. 더 이상 하나님께 불순종하지 말고, 하나님의 법을 지키며, 하나님께로 철저히 돌아와 성결한 백성으로 생활하라는 강력한 부르심이다.

하나님 나라는 유대인들과 마찬가지로 오늘날 우리들도 하나님을 거역한 모든 죄와 **하나님의 법을 어긴 모든 행위들에서 돌아서도록 요청한다**. 만일 돌이키지 않는다면, 하나님의 **무서운 심판**이 따를 것이다.

'하나님'과 '하나님 나라'는 그 시대 유대인들과 마찬가지로 오늘날 우리들에게도 하나님 나라의 시민(천국 시민)다운 성결하고 흠 없는 생활을 하도록 강력히 요구한다. 그리하여 곧 다가올 하나님의 진노와 심판을 면하고 거룩한 천국시민이 되도록 하나님의 법을 지키라고 요구한다.

이런 강력한 명령 앞에, 어찌 성서가 금한 동성애가 수용되거나 묵인 될 수 있으랴!

우리는 **주기도문**을 자주 암송하며 기도를 드린다.

> ⁹하늘에 계신 우리 아버지 이름이 거룩히 여김을 받으시오며 나라가 임하옵시… ¹³나라와 권세와 영광이 아버지께 영원히 있사옵나이다 아멘 (마 6:9-13).

하나님은 거룩하신 분이고 하나님 나라는 하나님이 통치하는 거룩한 나라다. 우리의 영원한 시민권은 하나님 나라, 하늘 나라에 있다. 하늘 나라는 인간의 상상력을 넘어 무한히 아름답게 빛나며, 거룩하고 영원한 나라다. 거기에 성서가 죄로 금한 동성애, LGBTQ의 여지는 없다. 더욱이, 우리 삶에 회개를 촉구하는 예수의 하나님 나라 복음선포에서 하나님의 법을 어기는 동성애, 성소수자의 생활 방식은 죄다.

크리스천은 하늘 나라의 백성으로서 이 땅 위에서 살아간다. 우리는 주기도문을 외우면서 **하나님 나라가 이 땅 위에 임하기**를 기도한다. 하나님 나라의 백성은 거룩한 백성이다.

거룩한 백성이 어찌 동성애를 하랴?

아무리 그럴싸하게 번쩍거리는 포장을 하고 달콤한 유혹을 던지더라도 오바마가 미국에 8년 동안 뿌리 깊이 심어놓은 동성애, 성전환, LGBTQ는 무서운 죄악임이 분명하다. 예수가 최초로 전파한 복음, 신약 성경에 깊이 흐르는 하나님 나라의 복음에서 동성애의 여지는 없다.

그것은 무시무시한 죄악이다!

제4장

예수의 엑소시즘과 동성애, 굿-바이 오바마 동성애

예수는 동성애, 성전환 부류의 비정상적인 욕구와
모든 육체의 질병에 시달리는 사람들을 치료했다.
위기의 21세기는 예수처럼 '더러운 영'을 몰아내고
'정상적인 인간 회복'을 위한 사역을 요구한다.

1. 동성애, 성전환은 예수와 공존할 수 없다 [1]

버락 후세인 오바마의 집권 8년 동안 미국은 동성애 와 성전환을 부추기는 혼돈된 나라로 악명을 날렸다. 트럼프 대통령이 **"미국 군대 성전환자 금지"** 명령을 내리자 오바마에 물든 민주당 의원들과 소위, 인권 단체들이 반대하면서 고소하고 난리다. 일부 교단들과 교회들마저 오바마에 합세해 동성애와 성전환을 옹호하는 재앙이 일어났다.

이처럼 기독교 지도자들마저 방향을 상실하였다. 21세기는 인류와 교회 역사상 암울한 큰 '위기의 시기'임이 분명하다.

위기의 시대를 향해 성서는 무엇을 경고하고 있는가?

복음서에서 예수는 귀신(Unclean spirit)을 쫓아냈다. **예수는 동성애, 성전환 부류의 비정상적인 욕구와 모든 육체의 질병에 시달리는 사람들을 치료하였다.** 예수가 귀신(Demon)을 축출했다.

A.D. 20-30년경, 로마 점령하의 속국 유대 땅에서 '하나님'과 '하나님 나라'의 복음을 전파하면서 예수는 '더러운 영'(귀신)에 사로잡혀 고통당하는 자들에게서 귀신을 몰아내었다. 예수의 사역은 말씀 선포와 가르침, 병자 치료와 귀신 축출(Exorcism), 기적 행함으로 표현된다.

예수에게 **귀신 축출** 또는 **더러운 영 축출**(엑소시즘)은 상당히 중요한 사역이다. 예수는 병자와 악령(Evil spirit)이 들린 자를 치료(Cure)하였다(눅 7:21). 예수가 최초로 **하나님 나라**의 복음을 선포한다. 그리고 안식일에 처음으로 가버나움 회당에서 가르칠 때 **'더러운 귀신'**(Unclean spirit)을 축출한다 (막 1:21-28).

'엑소시즘'은 정말 중요한 사역이다. 예수는 복음을 설교하고 병자를 고치며 귀신을 쫓아내었다. **이 사역은 열두 제자들에게 계승된다.** 예수께서 열두 제자를 부르시어 '더러운 귀신을 쫓아내며' 모든 병과 약한 것을 고치는 권능을 주셨다(마 10:1). 예수가 열두 제자를 택한 목적이 그들이 **예수와 함께 있고**, **말씀을 선포하러** 내보내며, 귀신 축출의 능력을 지니게 하려 함이다(막 3:14-15). 열두 제자 파송에서 예수는 열두 제자에게 '모든 귀신(Demons)들 위에' 있고 병들을 치유하는(Cure) 능력(Power)과 권세(Authority)를 주시면서 '하나님 나라'를 전파하고 병자를 치유하라고 내보내신다(눅 9:1-2).

이후, 예수는 70인의 제자를 더 파송해 병자를 치유하고 **하나님 나라가** 가까이 왔음을 전한다(눅 10:9).

70인 제자들은 기뻐 돌아와 예수에게 보고한다.

주여 주의 이름이면 귀신들(Demons)도 우리에게 항복하더이다(눅 10:17).

예수가 대답했다.

사탄(Satan)이 하늘로 번개같이 떨어지는 것을 내가 보았노라(눅 10:18).

그러나 귀신들(Spirits)이 너희에게 항복하는 것으로 기뻐하지 말고 너희 이름이 하늘에 기록된 것으로 기뻐하라(눅 10:20).

예수와 제자들은 사람들에게서 **귀신, 즉 더러운 영**을 쫓아내었다.

저물어 해질 때에 모든 병자와 귀신(Demon) 들린 자들을 예수께 데려오니 예수께서… 많은 귀신(Many demons)을 내쫓으시니라(막 1:32-34).

모든 갈릴리로 다니시며 여러 회당에서 설교하시고 귀신들(Demons)을 내쫓으시니라(막 1:39).

귀신, '더러운 영,' 사탄, 악령 등은 지금으로부터 2,000년 전쯤 예수 시대에도 어떤 특이한 외형으로 나타난 것이 아니었다. 예수 시대에 귀신, 사탄, '더러운 영'에 들렸다고 판단한 '기준'은 그 사람들의 생활 방식과 태도를 보고서다.

귀신이 으스스한 모습으로 나타나거나 도깨비불처럼 번쩍거리면서 나타나지 않았다. **신약 성경에서 귀신을 볼 수 있는 방식은 오직 귀신이 점령한 사람들의 '모습'과 '신체적 변화'를 통해서다.** 이점은 오늘날도 마찬가 지다. **오늘날도 귀신 또는 '더러운 영'을 볼 수 있는 방식은 사람들의 이상한 생활 방식과 신체의 변화를 통해서다.**

공관복음(마태, 마가, 누가)에서 예수는 많은 귀신들을 쫓아냈다. 사람들은 예수에게 '더러운 영'을 쫓아내 달라고 귀신 들린 사람들을 데리고 왔다

예수는 많은 사람들에게서 **더러운 영, 즉 귀신**을 쫓아내었다.

이때 귀신이 어떤 모습으로 나타났나?

험상궂은 형체로 머리를 풀어헤치고 나타났는가?

전설 따라 삼천리에 나오는 그런 으시시한 모습을 하고 부스스하게 다가왔을까?

그래서 사람들은 그런 마귀의 모습을 보고 기겁해 무서워 도망갔는가?

일부 사람들이 그런 방식으로 귀신, 즉 '더러운 영'을 무시무시하게 표현하기도 하지만, 신약 성경에는 귀신의 그런 소름 끼치는 모습들을 보여주지 않는다.

지금으로부터 2,000 여 년 전 예수 시대인 A.D. 20-30 여 년경의 고대 근동 팔레스타인, 과학이 발달하기 이전 그 시대에도, 귀신, 마귀 등은 그런 으스스하고 괴상한 모습으로 출몰한 것이 아니었다.

데몬 또는 귀신은 인간을 통해서 **인간의 질병과 비정상적인 언어와 생활 모습**을 통해서, 자신들의 존재들을 드러내 보였다.

오늘날도 마찬가지다. 귀신, 마귀, 악령 또는 '더러운 영'(불결한 영, Unclean spirits)은 소름 끼치는 모습을 하고 한밤중에 창문을 두드리는 그런 방

식으로 나타나지 않는다. 그 마귀는 비정상적인 인간의 언어와 살아가는 방식, 즉 **비정상적인 삶의 모습을 통해 보여진다.**

오늘날 한편에서 과학이 발전한 현대 시대에 더 이상 "귀신은 없다"라고 말한다. 다른 편에서는 오늘날도 "귀신이 나타난다"라고 주장한다. 데몬이 나타난다고 주장하는 사람들 중에는 어떤 끔찍한 모습을 하고 세상에 나타난다고 여기는 사람도 있다.

성서는 이에 대해 무어라 가르치나?

예수 시대인 A.D. 20-30년경 귀신들이 있었고, 그 귀신들은 비정상적인 인간의 언어와 해로운 삶의 방식과 태도를 통해 입증되고 보여졌다. 예수 시대에 귀신 또는 악령들이 낯 서른 모습을 하고 인간들에게 마구 달려들지 않았다. 신약 성경에서 귀신, 즉 '더러운 영'과 마귀, 사탄 등은 모두 인간 존재들의 피폐한 삶의 방식들을 통해 자신이 존재함을 알려 주었다.

이 귀신, 마귀, 사탄, '더러운 영'들(Unclean spirits)**의 공통점은 "인간 육체를 병들게 하고 인간 정신을 지배해 비정상으로 만들며, 하나님과 관계를 끊어지게 한다"라는 것이다.**

특별히 복음서 중 가장 이른 A.D. 70년경 기록된 마가복음에는 귀신 축출 이야기가 4번 나오며(막 1:21-28; 5:1-20; 7:24-30; 9:14-29), 그외에도 예수가 많은 귀신들을 쫓아냈다는 것을 보도한다(막 1:32-34). **엑소시즘은 '예수의 핵심 사역'**에 속했다.

예수 시대에 인간 정신과 육체를 비정상으로 만들고 병들게 하는 '더러운 영'들, 귀신들이 있었다. 이 '더러운 영'들이 인간을 사로잡고 인간의 삶을 폐허로 만든다. 사탄이 건강한 사람에게 들어가 자리 잡고 인간 정신이 '변질되도록' 지배하며 그 육체는 질병으로 고통당하게 만든다. 정상인의 삶이 아닌 비정상의 삶을 살도록 만들었다.

마가복음에서 예수가 사역을 시작하고 최초로 회당(가버나움 회당)에 들어가서 하신 일은 **가르침과 귀신 축출**이다. 예수의 교훈을 듣는 모든 사람들은 그 권위에 놀랐다. 더욱이, 예수는 회당 안에 더러운 귀신에 사로잡힌 자가 있어 큰 소리 지르자, 그를 사로잡은 귀신을 향해 꾸짖으며 잠잠하고 나오라고 명했다. 그러자 귀신은 꼼짝 못하고 나왔다(막 1:25-26; 눅 4:31-37). 예수는 더러운 영에 사로잡혀 소리지르는 사람을 그냥 버려 두지 않았다. 더러운 귀신을 사정없이 몰아냈다.

> 예수께서 꾸짖어 이르시되 잠잠하고 그 사람에게서 나오라 하시니 (막 1:25).

> 예수께서 꾸짖어 이르시되 잠잠하고 그 사람에게서 나오라 하시니 귀신이 그 사람을 무리 중에 넘어뜨리고 나오되 그 사람은 상하지 아니한지라 (눅 4:35).

예수가 꾸짖으며 명령하자 **귀신(Unclean spirit)이 꼼짝 못하고 나왔다.** 이 장면을 바라보면서 사람들은 예수의 권위에 모두 놀란다.

예수의 엑소시즘에서 가장 격렬한 것은 **군대 귀신 축출**(막 5:1-20; 마 8:28-34; 눅 8:26-39)이다. 더러운 귀신 들린 사람(A man with an unclean spirit) 즉, '불결한 영'에 사로잡힌 이 사람의 모습이다.

① 무덤 사이에 거했다.

② 힘이 너무 강해 쇠사슬을 끊고 쇠고랑도 깨뜨리며 통제 불가능하다 (막 5:4).

③ 밤낮 무덤 사이 산에서 소리 지르거나 귀신에 몰려 광야로 나갔다 (막 5:4-5; 눅 8:29).

④ 돌로 자기의 몸을 해치고(cutting, 자르고) 있었다(막 5:5).

다시 말해, 비정상적으로 자신의 신체를 해치는 해로운 삶을 살고 있었다. 여기서 우리가 **'군대(Legion-로마군인 6,000명으로 구성된 군단)귀신'**을 본다. 귀신의 이름이 군대인 것은 수가 많기 때문이다. 결국, 이 사람은 여러 '더러운 영'들(귀신들, 더러운 정신들)에 사로잡혀 무덤을 좋아하면서 자신의 몸을 돌로 자르고 있었다. 귀신은 눈에 보이는 귀신다운 모습으로 나타난 것이 아니었다.

'더러운 영'들은 한 남자에게 들어가서, 그 남자의 '정신과 영혼과 육체를 지배'했다. 귀신늘이 있다는 것을 보여 주는 것은 이처럼 **'더러운 영'**들에 **사로잡혀** 변질되고 해로운 삶을 살면서 자신의 육체를 해하는 그 사람의 **비정상적인 삶의 방식과 모습**을 통해서다.

2. 동성애, 성전환은 예수와 공존할 수 없다 2

오늘 우리 시대는 어떠한가?

'건전한 신체에 건전한 정신'(Sound mind in a sound body) 이라는 말대로 하나님이 지으신 우리 육체를 건전하게 잘 보호하며 돌보고 있는가?

아니면, '더러운 영'에 들린 사람처럼 우리 신체를 불건전하게 해치고 있는가?

하나님이 주신 우리 몸을 감사히 여기면서 건강을 잘 유지하는가?

아니면, 우리몸을 무시하고 학대하면서 병들게 하는가?

신앙인은 마약, 인신매매, 동성애, 성전환 등으로 육체에 해를 가하기보다는 하나님이 창조하신 우리 신체를 온전히 지키고 돌보며 **'건강한 육체와 정신'**을 유지해야 할 당위성이 있다. 그 이유는 우리 '인간 존재'는 창조주 하나님이 **'하나님의 형상'**(image of God)을 따라 지으신 매우 '신비롭고 오묘한 존재'이며 파괴해서는 안 되는 **성스러움을 지닌 고유한 존재**이기 때문이다. 또한, 그 이유는 신앙이란 바로 **올바른 언어와 삶의 방식**에 직결되기 때문이다.

신앙과 생활이 따로 분리될 수 없다. 우리가 하나님의 놀라운 '인간 창조'를 제대로 깨닫고 이해한다면, 하나님의 지극히 섬세하고 놀라운 '인간 창조'에 경탄하지 않을수 없으며, 그러므로 또한 무한히 감사하지 않을수 없다.

'우리 육체를 구성하는 세포, 분자, 원자, 핵, 유전자….'

소우주, 인간의 몸은 신비와 섬세함과 감탄, 그 자체다!

창조주 하나님의 법칙을 따라 극히 미세하고 섬세한 눈에 보이지 않는 신비스러운 요소들을 포함해 무수한 신경과 혈관과 힘줄이 미묘하게 연결되어 있다. 하나님의 창조 법칙을 따라 형성된 신비스러운 육체와 정신은 소중히 다루며 건강하게 돌보고 지켜야 함이 인간이 할 몫이다.

21세기 오늘날 사회와 교회에서 너무 심각한 혼란이 일고 있다. 지금 우리 시대에 기독교와 기독교 국가를 무너뜨리려는 사탄의 세력이 인간 평등, 결혼 평등, 차별 금지라는 **'가면을 쓰고'** 쉼 없이 **'하나님의 법과 질서'**를 무너뜨리면서 미국과 한국과 세계를 하나님에게서 멀어지게 만들려 온갖 공격을 가하고 있다. 하나님의 창조에 대항해 창조물을 파괴하도록 온갖 유혹과 사탕과 추파를 쉴 새 없이 던지고 있다. 때로 태풍처럼 소용돌이치면서 무섭게 공격해 오고 있다.

그 중심에는 기독교를 파괴하고 미국과 세계에 무슬림을 번성시키려는 벼락 후세인 오바마가 있다. 성소수자(LGBTQ) 정책을 통해 그는 기독교와 기독교 문명을 지닌 서구의 파괴를 은근히 시도해 왔다. 분별력 없는 정치, 종교 지도자들이 오바마 집권 8년 동안 잘도 휘말려 들면서 혼란이 가세되었다.

결국, 그들은 신앙적으로, 윤리적으로, 문화적으로, 생물학적으로, 사회적으로, 과학적으로, 의학적으로, 철학적으로, 정치적으로 너무 타락했다.

더욱이, 기독교 학계와 교계 지도자들이 휘말린 것은 교회에 타락을 부추겼다.

질문이 생긴다!

왜 기독교 지도자들마저 오바마의 동성애에 말려들었을까?

그 이유 중 하나는 교계와 학계 지도자들이 **'기독교 신앙인이 무엇을 해야 하고 무엇을 하지 말아야 하는가'**에 대한 **'기독교 신앙생활의 표준'**을 상실했기 때문이다.

즉, 예수 그리스도가 보여 준 **'신앙생활의 모범'**을 찾지 못했거나, 행여 알면서도 심오하게 고려하지 않았고 상실하였다. 그래서 교회와 교단 안에 말할 수 없는 혼돈이 생기고 오바마 8년 동안의 반기독교적, 반성서적, 사악한 정책에 맞서 제대로 저항조치 하지 못한 채, 순응하면서 엄청난 죄악을 사회에 확산시켰다.

버락 후세인 오바마가 나이가 어린 **유치원생들, 청소년들, 미국 군대에서 마저 동성애, 성전환을 부추기고 확산시키면서 그들의 인생을 망가뜨릴 때**, 교계와 학계는 그 사악한 정책들에 대해 강력히 항거하지 못한 채, 그 속에 함께 얽히어 나뒹굴었다. 강력한 저항은 고사하고 오히려 그 사악한 동성애, 성전환확산 정책들을 일부 교회와 교단이 공식적으로 수용하는 무서운 죄와 크나큰 오류를 범한 것이다.

동성애, 성전환 수용이 마치 약자에 대한 배려요, '인간 평등'인 것처럼 잘못된 해석과 혼란에 휩싸였다. 그들은 **'성령'이 아닌 '더러운 영'(마귀)에 이끌린 것이다.** 이처럼 교회와 교단도 '성령의 역사'를 외면하면서 '더러운 영,' 불결한 정신, 귀신이 만연하게 스며들어 갔다.

21세기 우리 시대도 A.D. 20-30년경 예수 시대와 마찬가지로 '더러운 영,' '사탄'에게 소유되어 그의 정신과 육체가 지배와 조정을 받는 사람들이 많이 있다. 베드로처럼 일시적으로 사탄의 사고를 하는(막 8:33) 자들이 있는 반면, **지속적이고 장기적**으로 '더러운 영'들이 그 사람들 속에 들어가 오래도록 지배를 하는 경우들도 있다.

예수 시대에 '더러운 영'(악령), 즉 귀신이 그들 안에 들어가 자리 잡고 조정하며 지배 한 사람들이 있었으며, 많은 군대 귀신이 한 사람에게 들어가 그 사람의 삶을 완전히 지배해 비정상의 폐인으로 만들기도 했다.

우리 시대도 마찬가지다.

'더러운 영'들이 들어가 지배하는 사람들이 우리 주변에 많이 있다. 거라사인 군대 귀신처럼 '더러운 영'들 여럿이 들어가 지배하면, 그 사람은 비정상적으로 죽음의 무덤가에 살면서 자기의 몸을 해친다.

오늘날 동성애, 성전환, 성소수(LGBTQ)의 삶은 어떤가?

그들은 **'거룩한 영'**의 지도를 받는 생활 모습일까?

아니면, **'더러운 영'**의 지배를 받는 생활 양태인가?

아무리 좋게 말하려 해도 동성애, 성전환 수술을 하는 그들이 하나님의 거룩한 영에 이끌린 사람들이 아님은 두말할 여지없이 확실하다. 동성애자들의 생활이 비정상이고 에이즈와 여러 질병을 일으키며 인간 수명도 단축시킨다고 잘 알려져 있다. 이들은 예수 시대에 **'더러운 영'에 사로잡힌 사람들**과 비슷한 양상을 드러낸다.

성전환자는 더욱 나쁘다.

하나님이 창조한 인간, **'하나님의 형상'**(Image of God)을 지닌 인간의 말할 수 없이 **고귀하고 고유하며 신비스러운 육체**에 무자비하고 잔악한 **'파괴의 칼'**을 들이댄다.

그리고 칼로 헤집고 집도하여 **'창조된 고유한 생명체'**를 인위적으로 여기저기 해체하면서 상상을 불허하는 이상한 부류(낯선 인종)를 만들어 낸다. 여러 '더러운 영'들에 사로잡혀, 자신의 신체를 날카로운 돌로 자르던 군대 귀신 들린 자처럼, 아니 그보다 더욱 심하게, 오늘날 자기 몸을 돌이 아닌 **예리한 칼로 집도하며 마구 분해**한다.

예수 시대에 '군대 귀신' 들린 사람보다도 **더욱 심하게 돌이 아닌 '칼을 들이대고'** 자신의 신체를 무섭게 해치고 자르면서 가해한다. 그리하여 '남자도 여자도 아닌 비양성(Non-biary)'이라는 이상한 괴물, 즉 '예측 불허 인종'(남성도 여성도 아닌 제3의 인종)을 제조해 만들어 낸다.

'하나님의 형상'을 지닌 인간 존재, 하나님이 창조한 '아름답고 신비스럽고 오묘한' 인간 존재, 말할 수 없이 고귀하고 소중한 인간 육체와 정신에게 잔악한 마귀가 하듯, 미친 듯이 잔인하게 칼을 들이대고 달려들어 파괴하고 또 파괴하고 신비스럽고 오묘한 생명체의 기능을 죽이고 변질시키고 왜곡시면서 해치고 집도한다.

인간이 과학과 의학을 통해서 아직 인간 눈으로 발견하지 못해 알지 못할 신비한 영역, 인간 육체의 신비로움과 매우 섬세하고 오묘한 영역까지 마구잡이로 망가뜨리고 변질시키고 죽여 버린다.

성전환이라는 괴괴 망측한 수술을 통해 하나님의 창조시에 인간이 본래 지닌 고유한 **'하나님의 형상'** 과 그 **'성결함과 신비로움'**을 미친 듯 짓밟고 도려내고 해치고 파괴한다.

예수 시대에 그러했듯, 우리 시대에도 '더러운 영'들(Unclean spirits), 즉 귀신들은 인간 존재들 속에 들어가 인간 정신을 사로잡고 인간이 본래 지닌 고유한 '하나님의 형상'을 파괴하도록 유도하며 하나님을 외면하거나 대항하도록 만든다.

오늘날 이 '더러운 영'들, 즉 귀신들은 인간 정신을 점령하여 비정상의 해로운 삶을 살도록 몰아가고, 인간 자신의 아름답고 고귀한 몸, 신비로운 육체에 사악한 칼을 들이대어 마구마구 자르도록 만든다.

누가 어린이들과 젊은이들로 하여금 **'성전환자가 되도록'** 부추겼는가?

버락 후세인 오바마가 **집권 8년 동안 동성애, 성전환을 미국뿐 아닌 한국과 세계 나라들에 강요**하고 부추기지 않았나!

미국인들의 세금을 '동성애,' '성전환 수술,' 즉 인간 존재를 불모의 존재로 근본적으로 변질시키고 제거하는 '잔악한 일'에, 하나님이 창조한 인간 존재를 헤집고 파괴해 '죽이는 일'에 투자하지 않았나!

미국뿐만 아닌 한국과 세계 80여 국가에도 재정을 투자하고 비정상의 외교 정책을 통해 동성애, 성전환을 부추기지 않았나!

21세기에 '하나님의 백성들과 '사탄의 졸개들과의 싸움이 치열하다. A.D. 20-30년경 예수 시대에 귀신들은 사람들 속에 파고 들어가 생각과 마음과 정신을 사로잡았다. 그리하여 몸과 마음을 병들게 만들고 비정상 언어를 발하면서 비정상 생활을 하고 건전한 육체를 상하고 해치도록 만들었다. 거룩한 **하나님과 분리되고 멀어지도록** 유도하였다. 오늘날 동성애, 성전환을 추켜세우고 드높인 **오바마 집권 8년 동안의 재정과 정책적인 열렬한 지원**으로 '더러운 영'들이 **어린이, 청소년, 군인, 성인들**에게 너무 많이 파고 들어 갔다.

그 '더러운 영'들(귀신들)은 사람들 속에 들어가 정신을 지배해 비정상의 삶을 살도록 유도하면서 고유하고 신비로운 '인간 존재,' '아름다운 몸'을 사악한 칼로 마구 집도해 해치도록 만든다.

그리하여 인간이 창조될 때 본래 지닌 **하나님의 형상**을 지워 버리고, 그 결과 창조주 하나님과 점점 거리를 멀어지게 만들면서 '하나님의 형상'을 짓이긴 인간이 캄캄한 어두움의 길로 들어서 창조주 하나님을 향한 신앙을 버리도록 유도하고 있다.

우리 시대에 버락 후세인 오바마가 심어놓은 **더러운 영, 즉 귀신의 역사**가 너무 만연하게 확장되었다. 거룩한 하나님의 교회까지 성직자들과 학자들에까지 침투하고 파고들었다. 중책을 맡은 기독교 지도자들이 신앙과 윤리를 상실하고 오바마의 동성애, 성전환 확산 정책에 합세하면서 교인들과 사람들을 잘못된 방향으로 인도하고 있다. 지금 인류와 교회 역사상 기독교가 매우 **심각한 위기**에 처해있다.

다행스럽게도 암흑의 오바마 시대가 지나고 트럼프의 새 시대에 들어섰다.

이제 기독교는 트럼프의 새 시대에 '하나님의 형상'을 지우고 끔찍하고 흉측한 삶을 살도록 쉬임 없이 유도한 '더러운 영'의 세력을 쫓아내야 한다. 순수하고 오묘한 인간 존재를 괴롭히고 사정없이 파괴하는 **'더러운 영'들(귀신들)을 신속히 쫓아내야 할 막중한 과제에 직면했다.**

예수가 인간을 비정상으로 몰고간 '더러운 영,' 귀신을 사정없이 몰아내듯이 21세기 오늘날 교회들과 교인들도 '더러운 영,' 귀신을 사정없이 쫓아내야 하겠다.

예수는 '더러운 영'들(귀신들)과 함께 친교하거나 포용하지 않았기 때문이다. 여기서 교단과 교회가 분명히 그어야 할 경계선이 있다!

예수는 결코 하나님의 복음을 외치면서 악령, 불결한 기질, 귀신들마저 사랑으로 얼싸안고 포용하지 않았다. **예수는 '더러운 영'에게 관용을 보이지는 않았다.**

예수는 '더러운 영'(귀신)을 철저히 배격했다. 하지만, 그런 불결한 영에 사로잡혀 해로운 삶을 사는 사람들을 향해서는 불쌍히 여겼다. **예수는 하나님이 창조한 그대로의 '고유한 인간,' 그 자체를 사랑하고 소중히 여기셨다. 그리고 불쌍히 여기셨다.**

하나님이 지으신 '인간 존재'를 너무 사랑해서 하늘 나라 복음을 선포하면서 가난한 자, 병든 자, 고통당하는 자들을 위로하고 치료해 주었다. '더러운 영'에 사로잡혀 비정상의 해로운 삶을 사는 자들을 구해내기 위해 **'더러운 영'(악령)을 사정없이 몰아냈다.** 예수는 '더러운 영'(마귀)에게 괴롭힘 당하는 이들을 사랑했지만, 그들을 비정상으로 사로잡은 **원흉인 악한 영, 마귀, 사탄, 귀신들에게는 더할 수 없이 냉혹하다.**

인정사정이 없다!

> 더러운 귀신아 이 사람에게서 나오라(막 5:8).
> Come out of this man, you impure spirit

예수는 불결한 영(귀신)이 사람을 하나님과 멀어지게 만드는 일을 결코 **용서하지 않았다.**

"아니요!"(No)

그리고 즉시 악령을 쫓아냈다. 거기에 중립은 없다. **하나님의 법을 파괴하는** 더러운 정신, 마귀가 '하나님의 형상대로 창조된 인간'을 결코 지배해서는 **안 되기 때문이다.**

21세기에 교회도 예수처럼 '더러운 영'을 몰아내야 함이 분명하다. 악한 영(귀신)이 사람들 속에 자리 잡아 인간 정신을 혼미하게 하고 더럽히는 것을 예수는 전혀 수락하지 않았기 때문이다. **하나님의 형상**을 지닌 인간은 **하나님처럼 거룩하고 온전하며 청결한 마음**을 지녀야 하기 때문이다.

> 마음이 청결한 자는 복이 있나니 그들이 하나님을 볼 것임이요(마 5:8).

하나님의 형상을 지닌 인간을 '악령'이 지배하지 말아야 함은 당연하다. **인간은 '거룩한 하나님의 영'인 '성령'으로 가득해 성령이 인도하는 생활을 함이 가장 자연스럽기 때문이다.** '더러운 영'을 불러들여 고유한 인간 존재와 마음을 더럽히지 말자.

다시 강조하여, **하나님의 형상**을 지닌 **인간**은 무질서한 삶을 살지 말아야 하며, 죽음의 무덤 곁에서 신체를 자르면서 고함치지 말아야 한다.

예수는 '악한 영'(귀신, 마귀, 더러운 영)에 사로잡힌 자들에게서 마귀를 쫓아내고 건강한 삶을 되찾아 주었다. **그리하여 인간성을 회복하고 하나님과 밀접해지도록 길을 열어 주었다.**

21세기 교회들도 마찬가지다!

교회는 '악령'(더러운 정신)을 몰아내야 한다. 다시 말해, 예수가 행한 '엑소시즘'은 **모든 교회가 수행해야 할 중심 사역이다.**

예수에게 **엑소시즘**이 중요하듯, 이 시대 교회에도 엑소시즘이 중요하다. 더욱이, 버락 후세인 오바마 집권 8년 동안 진흙 구덩이에 빠진 오늘날의 교회에서 '엑소시즘'은 극도로 중대한 사역이 되었다.

지금 교회는 2000년 교회 역사의 그 어느 시기보다도 매우 심각한 위기의 사태에 놓여 있다. 일부 교단과 교회들마저 '더러운 영'에 사로잡힌 자들에게 결혼 평등, 약자 보호 등, 가짜 용어까지 사용하면서, 소위 '동성 결혼'이 '결혼'과 동등하다고 우기고 있다.

그런데, 왜 그런 허위 주장들에 기독교가 강력히 반박하지 않는가?

좋은게 좋다고, 사람 비위나 맞추고 안전과 출세만을 모색하려는 것인가?

왜 기독교 지도자들이 인간 존재를 파괴하는 사탄의 세력에 맞서 싸우고 교인들을 파괴하는 악귀의 세력들에 맞서 싸워 패배시키지 않는가?

우리는 좀 더 분별력 있고, 좀 더 성서적이며, 좀 더 교인을 보호하려 애쓰고, 좀 더 십자가의 군대로서 하나님의 전신 갑주를 입고 영적인 싸움에 서슴없이 나서야 한다.

그런데 왜 그렇지 못한가?

왜 예수 그리스도의 교회를 거룩하게 수호하기 위해 강력히 항거하지 않는가?

'거룩한 교회'가 '더러운 영'과 공존을 꾀하려 하는 것인가?

만일 그렇다면 **교회는 거룩한 하나님의 교회이기를 포기한 것이다. 교회가 하나님과 사탄을 동시에 섬길 수 없기 때문이다.** 기독교 교단들이 현대 시대적 조류를 따른다고 말하면서 반성서적인 동성애, 성전환을 환영하고 성공회 교단처럼 교회법마저 수정해 악령을 섬겨도 좋다고 생각한다면, 우리 생각은 무딜 대로 무디어져 이미 사탄에게 함몰된 징후다.

누군가 질문할지 모른다.

"동성애, 성전환은 스릴있고 특별히 나쁘지 않다.

그냥 수용해도 되지 않는가?"

"보아라, 이성 간에도 성적인 문제가 생긴다.

동성애는 나쁘지 않다.

성전환 수술도 의학적이지 않은가?"

대답은 **"아니요!"**(NO) 다.

하나님이 창조한 신비로운 인간 존재를 파괴하는 잔인하고 무질서한 방식, 오바마가 드높인 **동성애, 성전환, LGBTQ를 교회는 하늘이 무너져도 수**

용할 수 없다!

결코, 수용해서는 안된다!

교회는 오직 하나님만을 섬기고(마 4:10), 하나님의 법을 존중하며, 예수 그리스도의 복음이 선포되는 하나님의 거룩한 성전이기 때문이다.

예수가 광야에서 40일 동안 시험을 받으며 단호하게 사탄을 물리친 정황들을 기억하자!

사탄과 타협은 **패배**를 의미한다.

예수는 사탄에게 세 가지 시험을 당했지만 한치의 타협이나 양보 없이 일격에 패배시켰다. 어떤 고려를 하려 머뭇거리지 않았다. 예수의 단호한 격퇴는 하나님의 교회가 '더러운 영'(귀신)의 제안들에 타협하거나 수용할 수 없으며 침묵해서도 안된다는 것을 잘 보여 준다.

예수처럼 일격에 격퇴해야 한다.

예수에게 사탄이 던진 세 가지 시험은 떡과 명성과 권세에 관련되는데(마 4:1-11), 오늘 사탄이 교회를 향해 던진 동성애, 성전환 보다 넘어가기 쉬운 유혹이었다.

떡에 대한 시험이 가장 큰 유혹이었을 텐데, 누구든 배고픔을 견딜 수 없기 때문이다. 그러나 예수는 매우 굶주렸음에도 불구하고 주저 없이 **말씀의 검**으로 물리쳤다. 마귀가 빵을 가지고 시험할 때 우리도 '말씀의 검'으로 격퇴하라는 본을 보이신 것이다.

아무리 그럴싸해도 '더러운 영'(마귀)과의 타협은 없다!

타협하려는 순간, 동성 결혼을 수용하려 교회법을 고치는 그 순간, 교회는 사탄의 주둔지가 된다. 교회는 결코 동성애를 인정하는 교리를 만들면 안된다. **하늘이 무너져도 그런 가증한 죄를 범하면 안된다.**

오바마의 회유와 압력으로 성공회처럼 동성 결혼을 수용하기 위해 교회법을 고쳤다면, 예를 들어 결혼을 '남녀 간의 결합'에서 '두 성인 간의 결합'으로 변경시키고 다른 조항들도 이를 뒷받침 하기 위해 많이 고쳤다면, **트럼프의 새 시대에 성서를 거역한 모든 죄와 잘못에서 속히 벗어나자!**

하나님이 유황과 불로 사정없이 징벌한 **소돔과 고모라의 죄**(창 19:24-25) 동성애, 인간 자체를 파괴하는 성전환은 창조된 인간 존재를 없애고 죽이는 방식이요, 극도로 이기주의적이고 해로운 생활 양태이기 때문이다.

정말이다!

동성애, 특히 성전환은 **'더러운 영'에 이끌린 상상을 불허하는 잔인한 생활 양태이며 반창조적이고 반성서적이며 반과학적이다.** 그런 잔인한 삶의 양태, 성서가 죄라고 강력히 경고하고 사탄이 부추기는 '생활 방식' 동성애 등을 교회가 거절해야 함은 두 말할 필요없다.

위기의 21세기에 교회와 교단은 하나님을 대적하고 인간을 파괴하는 '더러운 영'의 세력들을 확실히 분별하여 패배시켜야 한다.

역사적 **예수처럼 인간을 무덤으로 끌고 들어가는 '더러운 영'을 사정없이 몰아내자!**

3. 동성애, 성전환은 예수와 공존할 수 없다 3

　미국이나 한국에 오늘날 수많은 교회들이 우뚝 서 있다. 웅장하고 아름다운 교회, 오랜 역사 속에 서있는 교회, 그리 크지 않은 교회, 교회들이 많이 있다. 우리 보라교회(Behold Church)가 위치한 거리를 '교회 거리'라고 부른다. 긴 역사 동안 도로 양편으로 교회들이 많이 들어서 있었기 때문이다. 하나님의 교회들은 우리에게 꿈과 소망을 심어 주며 하늘 나라 참 소망을 가리켜 보인다.

　거룩한 교회들은 **예수의 십자가와 부활의 복음**을 선포한다. **예수의 십자가와 부활의 복음**이 선포되는 교회들마다 하나님의 사랑과 능력이 나타나며 성령의 역사가 불일 듯 일어난다. 교회는 예수가 모범으로 보여 주신 **사역을 본받아** 동일한 사역을 수행해 오고 있다.

　중요한 것은 예수가 공생애 사역에서 질병을 치료하고 **귀신을 축출**하며 고통당하는 사람들을 구해 주었다는 사실이다.

> 마침 그때 예수께서 질병과 고통과 및 악귀(Evil spirit) 들린 자를 많이 고치시며 또 많은 맹인을 보게 하신지라(눅 7:21).

　예수는 질병과 **악귀 들린 자**를 치료하고 소경의 눈을 열어 주었다. 사람들은 예수를 만났을 때 병든 육체와 정신이 건강하게 회복되고 정상인의 생활을 할 수 있게 되었다.

　어두움에 있던 그들에게 참 빛이 비친 것이다.

　그런데 21세기 오늘날 일부 잘못된 기독교 지도자들이 악령과 사이좋게 지내면서 질병과 해로운 삶을 살도록 만드는 악령('더러운 영,' 귀신)을 교회로 불러들인다. 제사장들이 하나님의 법을 거스르게 행한다(말 2:7). 눈먼 기독교 지도자들은 '더러운 영'들이 교회 안에 들어와 자리를 잡으라고 교회문을 열어 주었다.

분별력 없는 일부 기독교 지도자들은 '더러운 영'이 순진한 교인들을 마구 공격하도록 **교인 점령의 발판**(동성 결혼 수용을 위해 교회법과 용어마저 개정)을 이상하게 제작해 교회 문 앞에 가지런히 두었다.

"사탄아, 어디가?

도망가지 말고, 이리와!"

"교회 문을 열고 환영할 테니 이리 들어와.

사랑, 사랑이 최고다."

"사탄아, 환영할 테니 교회로 어서 들어오라고!"

교단이 **초청장**을 악령에게 발부했다. 초청장 발부에 성공회가 선봉에 서고, 미국 장로교회(PCUSA)가 2011년(오바마 시대) 그 뒤를 따랐다.

교회 지도자들이 **성서와는 역방향**으로 교회를 이끈다. 예수의 사역과는 정반대로 진행하면서, 동성애, 성전환을 퍼뜨리는 '더러운 영'(사탄, 마귀)을 교회 내로 모셔온다.

"히히, 그러면 그렇지!

자, 우리 악령들이여, 교회로 진격!"

"히히 신난다!

자, 우리 '더러운 영'들, 온 힘을 내 교회 안으로 돌진!"

"어휴, 천만다행이다. 쫓겨날 뻔했는데….

오바마 고마워!"

악귀들은 싱글벙글한다. 예수가 인정사정없이 내쫓을 때 소리 소리 지르며 다 죽어가던 사탄들이 만면에 회심의 미소를 띠고 다시 살아난다.

타락한 일부 교단은 사탄이 미끼를 던지면서 특히 성적 호기심이 강한 청소년들을 유혹하도록 '대 허가장'을 내주었다.

아, 사태가 어찌 이 지경이 되었나. 도대체 어찌, 어찌 그럴 수 있는가. 하늘이 무너져도 있을 수 없는 일들이 버락 후세인 오바마 집권 8년 동안 미국에서 일어났다.

그런일, 즉 교회에서 오바마가 강요한 '동성 결혼'을 인정하려고 **'교회법마저 뜯어고치는 일,'** 비정상을 강요하는 세상 권력에 아부하느라 성서를 무시하고 사탄을 따라간 일, 성직자 여러 명이 스스로 게이, 레즈비언이라 밝히는 **초유의 비정상 사태**가 미국에서 발생한 것이다. **그런 것은 하늘이 무너져도 일어나면 안되는 일이다.**

아니 정말로 그런 일은 하늘이 무너져도 안되는 일인가?

그렇다!

정말로 안되는 일이다.

그렇다면 안되는 그 이유가 무엇인가?

그 이유는 많은데, 우선 예수가 사탄과 공존하지 않았다. 예수는 사랑을 외쳤지만, '더러운 영,' 귀신, 사탄마저 사랑하지 않았다.

교계와 학계, 우리 모두는 이점을 명확히 보자.

진정한 사랑의 한계선이 어디에 있는가?

잘못해도 잘한다고 하고 동성애를 해도 방관하는 것이 사랑인가?

사랑은 아닌 것을 아니라고 가르치고 잘못된 길로 가려는 청소년들에게 성소수자(LGBTQ)의 길로 들어서면 해롭다고 바르게 가르치고 못 가도록 막는 것이 사랑 아닌가?

죽음의 길로 들어서도 막지 않고 붙들지 않고 그냥 잘한다고 보고만 있는 것이 사랑인가?

사탕만 주어 이빨을 다 썩게 만들 것이 아니라 소금도 주어 부패하지 않도록 만들어야 사랑이 아닌가?

온갖 꿀물과 감언이설로 어린이들 청소년들 미국 군인들마저 성전환자로 만드는 것이 인간 평등이고 인권이고 사랑인가?

그런 악한 일들에 동조하고 침묵하는 것이 사랑이란 말인가?

대답하라!

성공회여, 미국 장로교여!

동성애, 성전환을 찬성해!

교회법마저 뜯어고친 교단들과 교회들이여!

대답하라!

어린이들, 청소년들, 군인들에게마저 동성애를 가르치고 성전환 수술을 하도록 만드는 것이 사랑이겠냐고, 그런 악한 일들에 침묵하고 찬성하는 것이 진정 교단과 교회일 수 있느냐고, 성직자들이 어떻게 그런 악한 일들을 저지르고 오바마의 악한 정책들에 따라갈 수 있었느냐고, 오바마의 악한 LGBTQ 정책들에 그대들의 침묵과 맹종과 찬성이 순진한 어린이들, 청소년들, 젊은이들, 군인들을 비정상의 동성애자와 성전환자로 만드는 일에 가세했다는 기막힌 현실을, 기막힌 사태를, 그대들은 아는가, 모르는가?

대답하라!

성공회 교단이여, 미국 장로교 교단이여

성직자들이여!

그대들이 믿는 하나님은 어떤 하나님인가?

그대들이 전하는 예수 그리스도는 어느 예수 그리스도인가?

그대들이 설교하는 성서는 어떤 종류의 성서인가?

인간 존재를 제거하는 악한 행태, 성서가 가증한 죄로 엄격히 금지한 동성애와 인간 존재를 칼로 파괴하는 성전환 등을 어찌 교단들의 법까지 고쳐가면서 수용할 수 있었더란 말이냐….

예수는 인간을 비정상으로 유도해 삶을 파괴하고 인간에게 해로운 고통을 안겨 주는 '더러운 영,' '귀신'을 사정없이 쫓아냈다. 예수는 사랑을 강조했지만, 인간 속에 파고들어 생각과 판단을 잘못 이끌고, 몸을 병들게 하며, 생명을 파괴하는 '더러운 영,' 악한 영, 마귀마저 용서하거나 수락하지 않았다. 사정없이 몰아냈다.

21세기 우리도 악한 영을 받아드릴 것이 아니라 거룩한 성령으로 우리 마음을 채워야 하는데, 악령을 받아들이면 우리 생활이 하나님을 대항하며 악하게 변질되기 때문이다. '더러운 영'은 더러운 생활로 우리를 끌어간다. 계속 악령에게 마음이 사로잡히면 죄 된 생활이 죄인 줄도 모르고 무디어져 계속 죄를 지으면서 하나님을 대항하고 진리에서 멀어진다.

오직 성령으로 우리 마음을 채울 때, **성령의 인도를 받아 거룩하고 창조적인 생활을 하게 되며 성령의 열매(갈 5:23)를** 주렁주렁 맺게 된다.

예수는 정말로 **사랑**을 가장 큰 **으뜸 계명**으로 강조하였다.

> 예수께서 이르시되 네 마음을 다하고 목숨을 다하고 뜻을 다하여 주 너의 하나님을 사랑하라 하셨으니 이것이 크고 첫째 되는 계명이요 둘째도 그

와 같으니 네 이웃을 네 자신같이 사랑하라 하셨으니 이 두 계명이 온 율법과 선지자의 강령이니라(마 22:37-40, 비교 막 12:28-31; 눅 10:25-28).

사랑은 율법과 예언의 총합이요, 사랑은 율법의 목표이고(롬 10:4), 사랑은 **율법의 완성**이며(롬 13:10) **요약**이다. 그리고 유명한 **산상 설교**(마 5-7)에서 예수는 원수마저 사랑하라고 가르친다.

나는 너희에게 이르노니 너희 원수를 사랑하며 너희를 핍박하는 자를 위하여 기도하라(마 5:44).

사랑이 가장 근본이요, 으뜸 계명이다.

무엇보다 가장 먼저 예수는 우리가 **"하나님을 사랑해야 한다"**라고 가르치신다.

사람이 어떻게 하나님을 사랑할 수 있는가?

하나님께 예배를 드리고 하나님의 말씀과 법을 지킴으로써 사랑을 표현할 수 있다. 하나님은 모든 존재의 제1원인이시며 전지전능하신 창조주 하나님이시다.

방대한 우주와 만물을 지으시고 인간이 땅 위에 존재하도록 하나님의 형상을 따라 인간을 신비롭게 지으신 창조주 하나님이시다.

인간이 존재한다는 사실은 인간을 지으신 그 하나님이 존재하심을 입증해 주는 실체다. 너무나 놀랍고 기묘한 인간 존재와 우주 만물의 존재를 우리가 매일 눈으로 바라보고 체험한다는 사실, 그 자체가 바로 우리의 상상력을 넘어 무한한 능력과 지혜를 지닌 전능하신 창조주 하나님이 계심을 일깨워 준다.

하나님, 우리 하나님!

하나님은 우리 눈으로 보이지 않지만, 그분이 창조한 어마어마하게 광대한 우주와 만물들은 우리들에게 매 순간 위대하신 하나님과 인간을 향한 하나님의 한결같은 사랑과 관심을 보여 주고 들려준다.

어마어마하게 광대한 우주, 수백 또는 수천 개의 은하들로 구성된 은하단이 지구가 속한 유백색 은하(Milk way galaxy, 지름 약 100,000광년)를 중심으로 35억 광년 이내의 거리에 약 17개의 은하단이 존재 한다고 추정된다. 우주 관찰 가능 거리는 465억 광년이다. 이 거리를 넘어선 곳에도 우리 우주의 연장이나 다른 우주들이 있을 것으로 추정된다.

지금도 우주는 팽창하는데 초속 362km(항상 변함)정도로 우리가 속한 우주가 커지고 있다고 한다.

와우, 말할 수 없이 광대한 우주, 끝이 없는 우주, 계속 커지고 있는 우주, 우리의 상상을 초월하는 매우 광대한 우주를 지으시고 이끌어 운행하시는 분은 인간의 사고와 상상력을 초월해 이루 말할 수 없이 위대하신 전능하신 창조주 하나님이시다.

쉬임 없이 커지고 있는 거대한 우주에서 태양계에 속한 조그마한 행성 지구 위에 우리 인간이 존재한다.

왜 헤아릴 수 없이 많은 별들 중에서 다른 행성이 아닌 '지구'라는 행성 위에 인간이 존재할까?

하나님이 지구를 그처럼 아름답게 만드시고 생명 있는 존재들이 생명력을 보호하고 번성시킬 수 있도록 아주 신비롭고 풍성하게 창조해 놓으셨으니까, 생명을 지닌 인간들이 다른 별이 아닌 지구에 거주한다.

우주는 침묵하고 있는 것이 아니다. 날마다 위대하신 하나님 이야기를 선포하면서 우리에게 하나님의 위대하심을 보여 주고 들려주며 속삭인다 (시 19편).

창조주 하나님은 무한히 광대한 우주를 운행하시면서 아주 섬세하고 아주 세밀하게도 지구라는 아름다운 정원에서 우리 인간을 위해 우리 인간이 생존할 수 있도록 너무 아름답고 싱그러운 대자연의 혜택을 펼쳐 놓으셨다.

하늘과 산과 바다에서 아름다운 생명체들이 약동하고, 땅 위에 수많은 오곡 백화, 열매들과 식물들, 가축과 동물들, 울창한 초목과 암석들 기묘한 섬들과 산봉우리들과 하늘의 비경이 경탄을 불러일으킨다.

낚싯대나 그물을 들고 바다나 강, 못으로 나간 이들은 물고기들을 수 없이 많이 잡아 올린다. 어부들이 바다에서 그물을 내리면 수 없이 많은 물고기들을 잡아 올리고 해녀들은 바닷속에 뛰어들어 전복을 비롯한 값지고 맛 있는 해산물들을 잔뜩 잡아 올린다. 바다는 어부들에게 황금 곳간이요, 해녀들에게 저금통장이라고 불린다. 그처럼 창조주 하나님은 인간이 생존하고 손속할 수 있도록 너무 풍성하고 너무 풍부하게 산해진미를 허락해 놓으셨다.

아름다운 꽃들과 노래하는 새들, 풍성한 자연 산물들, 미세하게 불어오는 향긋한 바람이 우리들 뺨을 스치면서 창조주 하나님의 엄청난 사랑과 세밀한 관심을 속삭여 준다.

"내가 너를 사랑해, 너를 포근히 돌보고 지킨다."

미풍 속에서 창조주의 음성이 은은히 들려온다.

보이지 않는 창조주 하나님을 사랑하는 것은 인간 존재가 할 수 있는 가장 아름답고, 가장 의미 깊으며, 가장 고귀한 행위다. 물론, 우리가 보이지 않는 하나님을 생각하고, 그리워하며, 사모하게 되는 것은 우리 스스로 먼저 동기를 일으키지 않았다. 무엇보다 **하나님이 먼저 우리를 극진히 사랑하셔서**, **지으신 우주와 만물을 통해 크신 사랑을 날마다 보여 주고, 들려주며. 이야기해 주기 때문에 우리가 하나님을 알게 되고 사랑하게 되었다.**

인간 존재가 **하나님을 사랑하는 것**은 하나님의 인간을 향한 **사랑에 대한 자연스러운 응답**이다. 피조물 인간은 하나님의 설계 속에 지음 받은 그대로의 모습, 즉 **하나님의 형상**을 따라 지음을 받은 그 모습을 지니고 살고있기 때문에, 본능적으로 **하나님을 갈구하고 목마르게** 된다.

목마른 사슴이 시냇물을 찾아 헤매듯, 인간 존재는 우리의 **근원자 신**을 향해, 하나님을 향해 목말라하면서 갈구한다.

> 하나님이여 사슴이 시냇물을 찾기에 갈급함 같이 내 영혼이 주를 찾기에 갈급하나이다(시 42:1).

하나님은 사랑이시며 날마다 우리에게 사랑을 부어주시고 들려주시고 보여 주신다. 하나님이 우리를 사랑하시며 눈동자같이 보호하시고 지키시기 때문에, 그 사랑이 한없이 크고 깊기 때문에, 우리도 하나님을 사랑하게 된다. 하나님의 사랑을 듬뿍 받은 인간은 그 사랑으로 하나님을 사랑하며 우리는 하나님을 뜨겁게 사랑해야 한다.

첫째 큰 계명은 **"하나님을 사랑하라"**이다.
둘째 큰 계명은 **"이웃을 네 자신 같이 사랑하라"**이다.

예수는 **사랑**이라는 이 두 계명이 율법과 예언서의 요약(Sum up)이요, 모든 **율법과 예언서들이 이 두 계명에 달렸다고** 강조하였다.

그러므로 **기독교는 사랑을 으뜸으로 삼는 '사랑의 종교'**이다.

불교나 힌두교처럼 고행이나 참선, 도술을 닦고 세상과 멀어져 등지는 삶이 아닌, 창조주 하나님을 온 마음, 영혼, 힘, 목숨을 다해 극진히 사랑하고 하나님이 지으신 내 자신의 존재를 소중히 돌보고 사랑하며 내 이웃의 존재를 내 자신을 돌보듯 존중하고 사랑하는 사랑의 종교이다.

그러므로 기독교가 전파되는 곳에는 **하나님 사랑과 인간 존재의 사랑**이 꽃피어 난다. 예수는 더 나아가 **"원수를 사랑하라"**라고 하시면서 극단적인 상황에도 사랑을 강조하였다.

그렇다면 기독교인은 모든 상황들 속에서 무조건 사랑만 해야 할까?

유대인 대학살을 저지른 히틀러까지, 살인과 도둑질을 기획한 악한 살인자까지 사랑해야 하나?

'더러운 영'에 이끌린 악한 세력이 성령에 이끌린 선한 세력을 죽이고 지배하려고 달려들 때, 그때에도 악한 세력들을 사랑해야 할까?

기독교인들을 사자 굴 속에 던져 맹수의 밥으로 만든 로마 제국의 폭군 네로 황제까지 오늘날 그런 부류의 사람들까지 사랑해야 하는가?

우리는 **어디까지** 사랑해야 하는가?

사랑하지 말아야 할 경계선은 어디일까?

우리가 사랑을 멈추고 강력히 거부하며 하나님의 전신 갑주를 입고 마귀의 간계를 능히 대적해 온 힘을 다해 싸워야 할 때(엡 6:10-17)는 언제이고 어느 경우인가?

우리의 씨름은 혈과 육을 상대하는 것이 아니요 통치자들과 권세들과 이 어둠의 세상 주관자들과 하늘에 있는 악의 영들을 상대함이라(엡 6:12).

A.D. 20-30 년경 사랑을 최고 계명으로 가르친 예수는 어떻게 처리하셨나?

사랑을 무한정 강조해 원수마저 사랑하라 가르친 예수지만, **단호히 거절한 대상이 있는데 바로 하나님을 대항하는 '악한 영'의 세력들이다. 즉, '더러운 영,'(악한 영, 귀신, 사탄, 마귀라고도 불림)의 세력과는 타협이 없다.**

오직 무섭고 냉혹하게 꾸짖으며 명령해 미혹하고 해치는 '더러운 영' 마귀를 즉시 쫓아낼 뿐이다.

더러운 귀신아, 그 사람에게서 나오라(막 5:8).
Come out of this man, you impure spirit.

사탄아 물러가라(막 8:33).
Get behind me, Satan.

21세기 매우 혼동된 우리의 시대, 선과 악의 구분이 흐려지고 정상과 비정상의 구분이 모호한 위기의 시대!

도덕이 부도덕이 되고 부도덕이 도덕으로 추켜지는 패역한 시대, 버락 후세인 오바마 집권 8년 동안 친동성애, 친이슬람, 반기독교 정책 강행의 여파로 거센 소용돌이에 휘말린 교회와 사회, 오바마가 심어놓은 '더러운 영'이 기독교를 파괴하고 나라를 쓰러뜨리려는 **위기의 이 시대…**.

이 위기의 시대에 교회의 '엑소시즘 사역'이 역사의 그 어느 시기보다 절실하게 요구된다.

예수가 가르친 사랑을 빙자해 '더러운 영,' 귀신을 품고 수긍하는 **엄청난 착각과 죄로부터 돌이키자!**

예수는 '사랑'을 가르쳤지만, 하나님의 법을 어기고, 인간을 해치는 악령(귀신, 마귀)에 대해서는 가차 없이 축출했기 때문이다.

민주당 하원 의장 펠로시(Pelosi)는 동성 결혼, LGBTQ를 옹호하는 데는 자신의 가톨릭 신앙이 배후에 있다(그러나 가톨릭은 그 반대임)고 말했다.

> 나의 종교로 인해 우리나라에서 어떤 종류의 차별에도 대항해야 한다는 강한 입장을 지니게 되었으며, 나 또한 그것을 사랑합니다(「위키피디아」[Wikipedia]).

펠로시는 동성 결혼과 성전환 수술 반대를 '인간 차별'로 잘못 판단하는 혼란을 드러냈다. 그래서 오바마가 내세우듯 '인간 평등'을 내세워 "사람을 차별하지 말아야 한다"라고 잘못 진술하면서, 동성애, 성전환, 양성애 등을 지지한다. 그녀는 오바마의 LGBTQ 확산 정책, 미국 군대 성전환자 정책을 누구보다 강력히 지지하고 있다.

사탄(마귀)이 미국 군대와 젊은이들과 미국인들의 건전한 신체와 건전한 가정을 파괴한다. 이런 건전한 가정 파괴와 건전한 인간 존재 파괴에 기독교 교계와 학계도 일부 합세해서 성서와 반대 방향으로 진행하면서 혼동을 일으켰다. 동성 결혼, 성전환자 인정이 마치 '약자'에 대한 사랑의 표현인 듯 거짓 포장되었다.

이처럼 학계와 교계 지도자들, **기독교 대학마저 LGBTQ를 정상으로 인정**하고 지원하는 혼동을 일으키는 이 위기의 시대는 예수가 책망하시듯 악하고 음란한 시대요 패역한 시대임이 분명하다.

이 혼란의 시대에 우리 모두 사탄의 덫에 걸려들어 지옥으로(막 9:43-48) 끌려 가지 않으려면, 정신을 바짝 차려야 하겠다.

트럼프 대통령의 새 시대에 교회가 참된 믿음을 일으켜 세우고 이 시대를 소돔과 고모라의 죄로부터 반드시 건져내야 하겠다. 그러므로 교회에서 '더러운 영'을 쫓아내는 일, 즉 **'엑소시즘'이 오늘날 시급하고 절실하게 요구되는 사역이다.**

21세기에 교회들이 이 세상 급진주의자들처럼 잘못된 다양성, 포용성을 언급하면서 동성애, 성전환을 수용하고 '더러운 영'과 그 세력들, '더러운 영'을 추종하는 하수인들에게마저 관용을 베풀 수는 없다. 소위 동성 결혼, 성전환 수술을 다양성, 포용성이라고 주장하면서 인정한다면, 도둑도, 간음도, 살인도, 다양성이고 포용성이므로 인정해야 한다는 주장에 버금갈 것이다.

하나님의 법과 질서를 파괴하여 인간을 파괴하는 '더러운 영'의 행태들에 대하여는 예수처럼 오직 **엑소시즘 사역을 해야 하기 때문이다.**

더러운 영, 더러운 정신, 더러운 귀신아!
예수 이름으로 명하노니 그 사람에게서 나오라!

성공회처럼 혼미스러운 더러운 정신에 이끌려 **교단법을 고쳐서는 안 된다.**

예수가 보여 주시듯 오직 **엑소시즘**이며 **더러운 영**을 **즉시 물리쳐야** 한다. 조금이라도 머뭇거리고 틈을 주면 악한 영(마귀)이 인간 정신과 마음속으로 잽싸게 파고 들어가 그 사람을 사로잡으면서 **불결한 둥지**를 튼다.

다시 강조하여, 일부 교단들과 교회들은 교회법과 언어를 고쳐가면서까지 '동성 결혼'을 수용한 엄청난 죄악에서 신속히 돌이키자!

하나님의 거룩한 교회와 교회의 연합인 교단은 동성 결혼을 수용하기 위해 교회의 법과 언어를 수정해 **악령을 초빙하는 문구를 만들지 말아야 함(결코, 만들수 없음)**이 너무 확실하다.

성서에 역행하는 엄청난 죄를 신속히 벗자!

우리는 버락 후세인 오바마 8년의 어두운 반기독교 시대를 통과해 도날드 요한 트럼프의 새 시대에 와 있다.

이 새 시대에 교회도 새로운 결단이 요구되고 있음이 자명하지 않은가?

하나님은 오바마 시대에 죽음의 길로 들어선 미국과 교회들을 버리지 않으시고 **바른 궤도로 돌아설 기회**를 주셨다.

트럼프의 새 시대가 오바마가 부추기고 선동한 죄에서 돌이킬 절호의 기회다!

사랑하는 교회여!

교단이여!

이제 인간 존재에 해로운 동성애, 성전환을 어서 속히 벗자!

하나님이 금하시는 동성애, 동성 결혼을 하면 여러 질병에 걸리고 그대들 한 세대로 혈계가 끝난다. 그대들의 후손이 없기 때문에 그대들이 죽으면 이 세상에서 그대들은 어떤 흔적도 없어지고 끝이 온다. 동성 결혼이나 성전환을 하는 그대들은 자신들의 아기를 낳고 양육하는 하나님이 주신 기뽐과 특권을 바보처럼 버리고 '비존재'가 되는 길을 선택한 것이다.

그대들의 혈육인 아기를 낳고 그 아기가 걸음마를 하며 '엄마,' '아빠'를 부르면서 울고 웃고 빰을 부비고 재롱을 떠는 모습이 부모에게 주는 생애에서 가장 큰 기쁨이라고 말하는 이들도 있다.

어떻게 아이를 데려다 두 남자 또는 두 여자가 그 아기를 키우는 것이 정상이요, 참된 가정이라고 생각할 수 있을까?

거기에는 엄마도 아빠도 없지 않은가?

그런 비정상의 삶이 정상이요, 좋다고 부추긴 버락 후세인 오바마는 진정 미국과 한국과 세계의 젊은이들의 행복한 꿈과 가정을 망가뜨렸다.

그대들은 이제 더 이상 '비존재'가 되어 사라지는 비정상의 길로 가지 말고 하나님의 창조 법칙대로 **남녀**가 **결혼**해(창 1:28) 순수하고 아름다우며 그대들을 닮은 아기와 웃으면서 생명력 넘치는 정말 행복한 가정을 이루고 존중하자!

어린이가 있는 가정에 엄마와 아빠도 있게 하자!

트럼프의 새 시대에 소돔과 고모라의 죄, 동성애!

고유한 인간을 사정없이 파괴하는 성전환에서 속히 벗어나야 할 때다.

트럼프 시대에 우리 모두에 기회가 왔다!

이제 어두움을 벗고 빛의 갑옷을 입자!

오바마 시대에 회유와 억압으로 방향을 잃고 LGBTQ 쓰나미 정책에 말려간 **성공회, 미국 장로교, 교회들,** 주님은 부서진 교회들이 다시 복구되기를 기다리신다.

트럼프의 새 시대에 눈물 흘리며 다시 돌아오자!

소돔과 고모라처럼 다가올 하나님의 진노와 심판을 면하자!

우리들의 죄악과 아픈 상처들을 하나님 앞에 눈물로 고백하자!

어두운 시대에 상실한 **결혼, 가정, 신앙을 다시 찾자!**

교회는 사람을 불쌍히 여겨도 '더러운 영'(귀신) 그 자체에 대해서는 단호하다. 위기의 21세기 교회들은 엑소시즘을 잘 수행하라는 특별한 시대적 부름 앞에 있다.

왜냐하면, 오바마 재임 기간 8년 동안 '더러운 영'들이 너무 만연하게 교회와 미국, 한국 온 나라 사람들에게 침투했기 때문이다. 오바마를 따라 동성애, 성전환, LGBTQ를 정상이라고 우기면서 다른 사람도 그처럼 살라고 부추긴다. LGBTQ에 반대하면 폭력적이다.

우리가 사는 매우 혼동된 21세기, **엑소시즘**이 매우 중대한 사역이 되었는데, **더러운 영**들이 가면을 쓰고 쉴새 없이 교회 문을 노크하기 때문이다. 목적은 사탄들이 교회 안으로 들어와 교회를 점령해 지배하는 것이다.

지금 우리는 인류와 교회 역사상 그 어느 때 보다 '더러운 영'을 축출해야 할 급박한 과제에 직면했다. 만일 교회가 '엑소시즘'을 하지 않는다면, 질병과 생명 파괴와 신체 심노를 하면서 '더러운 영'들이 수 없이 교회 안으로 몰려 들어와 순수한 사람들을 해칠 것이다.

'더러운 영' 즉, 마귀에 사로잡힌 사람들이 육체를 파괴하며 죽음으로 내몰리고 비정상의 변질된 삶을 살면서 생명 파괴의 '대 비극'이 교회 내에서 벌어질 것이다.

늦기 전에, 이제 더 늦기 전에, 불결한 영이 나라와 교회를 무너뜨리고 승리하기 이전에 **예수가 귀신(더러운 영, 불결한 영)을 쫓아내어 질병과 신체 자름과 무덤에 거하는 귀신 들린 자를 비정상의 삶에서 정상인의 삶으로 회복시켜 주었듯**, 이제 우리도 질병을 불러오고 생명을 단축시켜 무덤으로 향하며, 자신의 신체를 칼로 자르는 자들을 향해 **더러운 영**을 예수의 이름으로 몰아내어 정상인으로 회복시켜야 할 **절체절명의 임무**가 주어졌다.

예수는 불결한 귀신과 함께 있을 수 없고 거룩한 하나님의 교회는 '더러운 영,' 귀신과 함께 사이좋게 공존할 수 없기 때문이다.

이점을 21세기 우리 교회는 분명히 알아야 한다. 거룩한 하나님의 아들 예수가 가는 곳마다 '더러운 영,' 귀신들이 소리를 지르면서 그들을 쫓아내지 말라고 애원을 했지만, 예수는 사정없이 나오라고 명령하여 '더러운 영,' 귀신들이 사람들에게서 나와 도망가고, 괴롭힘을 당하던 사람들이 건강한 정상인으로 회복되었다.

정말로 이것이 이 위기의 21세기에 교회가 담당해야 할 의미심장한 사역 중 하나다. 예수에게 엑소시즘이 중대한 사역이듯, 오늘날 교회들에게도 중대한 사역이 되었다.

예수 시대에 귀신이 사람들에게 들어가 질병과 자해의 비정상적인 삶을 살도록 만들었듯이, 오늘날도 귀신은 사람들에게 파고 들어가 질병과 자해와 비정상의 삶을 살도록 끊임없이 유혹하고 있다.

'더러운 영,' 불결한 정신, 귀신이 사람들 속에 들어가 생각과 언어와 생활을 지배한다. 동성애, 성전환의 비정상을 정상이라 부추기고 '허위'를 '사실'로 퍼뜨린다.

에이즈를 부르는 동성애, 칼로 신체를 자르는 성전환, **몸은 남자요, 남성 성기도 지녔는데**, 얼굴만 여자로 성형 수술을 해놓고 **여자라고** 거짓을 부추긴다. 그리고 매달 '호르몬 주사'를 맞으면서 '고통스러운 삶'을 살도록 만든다. 남성에서 여성으로 성전환 수술을 받은 조지아 택 학생이 '정신 붕괴'(Mental collapse)를 겪으며 고통에 시달리다 자살 메모를 남기고 경찰과

대치하다 죽었다.

이처럼 무모하게 고유한 인간 육체를 망가뜨려 남성도 여성도 아닌 비양성인으로 만들어 놓고 젊은이의 삶을 망가뜨리고 몰락시키는 '더러운 영'의 추하고 악한 행위들….

예수 시대에 자신의 몸을 돌로 해치던 **군대 귀신** 든 자 만큼이나 아니 그보다 더욱 심하게 **칼로 자신의 몸을 집도해 해치면서** 여러 '더러운 영'들이 사람 속에 들어가 합작하여 인간을 무덤으로 끌고 들어가고 있다. 하나님의 창조법에 역행하는 비정상의 고통스러운 삶으로 끌어가고 있다.

우리 시대에 더러운 영들(귀신들)이 너무 만연하게 퍼져있어, 교회의 '더러운 영' 축출 사역도 매우 막중하고 중대해졌다. 예수가 가는 곳마다 더러운 귀신들이 떠나듯, 이제 우리는 교회는 인간을 파괴하는 더러운 정신, '더러운 영,' 귀신을 **예수 이름으로 강력히 몰아내야** 할 시점에 서 있다.

아니면, 교회마저 '더러운 영'들이 지배하는 사탄의 주둔지 위험한 장소가 될 수 있다.

이제 예수저럼, 더러운 성신, 불결한 영들을 쫓아내고 **하나님의 성령으로 채우자!**

인간을 파멸시키는 '더러운 영'들(귀신들)을 모두 쫓아내자!

그래서 수많은 사람들이 '더러운 영'들에서 벗어나 건강한 삶을 살도록 돕자.

예수와 귀신은 공존할 수 없고, 예수가 가는 곳마다 인간을 파괴하던 '더러운 영'들은 쫓겨났기 때문이다.

4. 오바마의 동성애, 성전환에서 이제 벗어나자 **1**

버락 후세인 오바마의 8년 동안 미국은 동성애, 성전환 등이 인권으로 포장되어 포상받는 하나님을 대항하는 부도덕한 나라로 급속도로 타락하고 망가졌다. 오바마는 미국을 성소수자(LGBTQ, Lesbian Gay Bisexual Transgender Queer)의 나라로 변형시키고 만들기 위해 집권 8년 동안 최선을 다한 것으로 보인다.

백악관에서마저 동성애 부서를 두고 미국뿐 아닌 기독교국을 주로 한 세계 80여 개국에 동성 결혼 성전환 합법화를 강요하면서 그것을 기준으로 삼아 외교 정책을 펼치기도 했다. 정말 정상인의 사고로는 도무지 이해할 수 없는 비뚤어진 정책을 시행하였다.

미국 전통을 소홀히 하는 급진적인 민주당은 오바마의 타락한 정책들을 통렬히 비판할 수 있을 만큼 미국에 관심을 기울이고 사랑하지 않은 것으로 나타났으며, 악한 정책들에 속수무책이었다.

오바마가 집권 8년 동안 반기독교, 친동성애, 친이슬람 정책을 시행한 것은 잘 알려져 있다(「갓톡」, "오바마의 친동성애, 친이슬람 정책 모음," 2016.9.19).

심지어 외교 경제 군사 정책도 동성애를 척도로 결정하기도 했다. 성소수자(LGBTQ)를 수용하면 경제와 군사력을 더 지원하고, 반대하면 경제와 심지어 군사력까지 감소시킨다. 한마디로 빗나가고 타락한 국내외 정책을 버젓이 유도한 것이다. **반성서적이고 비인간적인 악한 정책**을 공공연히 시행하였다.

교회들은 왜 강력히 항거하지 않았을까?

그때, 교회와 교단들은 이런 비정상의 악한 정책들을 강력히 반대하고 오바마 정부의 반성서적 부도덕한 정책들에 대항해 거세게 항거했어야 하지 않을까?

교회와 교단은 오바마가 끈질기게 인정하라는 동성애보다 "동성애는 죄다"라는 하나님의 말씀에 더욱 깊이 귀를 기울이고 따라야 했었지 않을까?

신앙인들이 '동성애 거부'로 인해 오바마 정부로부터 감옥에 갇히거나 지위 박탈을 당할 때, 좀 더 분명한 소리를 내어 항거하고 저항해서 양 떼들이 다치지 않도록 보호했어야 하지 않을까?

미국에서 교회들과 교단들은 그러지 못했다.

그러자 버락 후세인 오바마는 별로 장애물이 없음을 확인했기에 동성애, 성전환 등을 교회, 학교, 종교 기관, 정부 기관들, 온 미국과 세계에 뿌리 깊이 심어 번성시키려 온갖 수단과 방법을 동원한 것으로 보인다.

얼마나 동성애 성전환을 미국에 깊이 번식시키려(그 결과를 상상해 보라) 했는지… 오바마가 트럼프에게 남긴 짧은 서신에도 계속 발전시키기 원하는 마음이 반영되었다. 하지만, 트럼프는 백악관에 들어가자마자 오바마의 동성애, 성소수자(LGBTQ) 지원 부서를 바로 없앴다.

왜 교회는 오바마 시대에 비성서적이고 타락한 정책들에 맞서 좀 더 강력하게 항거하지 못했을까?

교회가 강력히 항거하지 못한 정도가 아니다. 더욱 재앙스럽게도 하나님의 교회들이 오바마 비위를 맞추려 '동성애,' '동성 결혼'을 수용하고 교회의 가르침마저 변질시키는 최악의 사태들이 발생한 것이다.

하나님을 대항하는 오바마의 동성애 정책을 성공회가 선두로 나서 지원하고, 성직자들이 동성애자라고 아무 거리낌이 없이 밝히는 믿기 어려운 불신앙이 오바마 집권 8년 동안 미국의 교회와 역사 속에서 공공연히 전개되고 펼쳐졌다.

동성애자라고 자신을 자랑스럽게 밝히는 성직자들….

"6월은 자랑스러운 게이 레즈비언의 달"이라고 강조한 오바마의 영향을 받았기 때문일까?

그들은 도무지 부끄러움을 모른다. 오히려 그들의 얼굴에는 자랑스러운 표정이 역력한데, 성서보다도 오바마의 말이 그들에게 효력을 발휘한 것이다.

도대체 어찌 된 일일까?

신앙 양심이 그처럼 무디어지다니!

그들이 정말로 예수의 사역을 수행하는 성직자일까?

"아니다!"(No!)

그들은 참된 사역, 즉 예수의 사역을 계승하는 기독교 성직자로 보기 어려울 것이다. 그들은 이미 사탄에게 발목을 집힌 자들이거나 동성애를 강압한 오바마 시대에 우물쭈물 서성이다 쾌락을 따라간 자들이다. 반성서적 타락을 요구하는 악한 지도자의 악한 정책을 하나님과 하나님의 말씀보다도 더 인정하고 수용한 하나님을 섭섭하게 하고 저버리는 사람들이다.

동성애와 이슬람이 강력한 세력을 발휘하고 결혼과 기독교가 탄압을 당하던 오바마 어두운 시대는 역사의 뒤안으로 사라졌다. 이제 우리는 우리에게 기도를 부탁하는 트럼프 대통령의 새 시대에 있다.

이제 교회나 교단은 오바마가 8년 동안 뿌리 깊이 심어놓은 모든 죄악의 씨앗들과 그물들을 뽑아내고 벗어나야 할 때 아닌가!

트럼프 시대!

기독교를 존중하는 트럼프 시대!

지금 이 시대가 우리 모든 교회들이 8년 동안의 잘못과 죄악에서 돌아서야 할 시기요, 기회이며, 그 시기와 기회가 지금이다!

거룩한 하나님의 교회는 거룩한 성전이다. 초대교회는 성령으로 충만했다 (행 2:1-21).

우리도 우리 자신과 교회를 성령으로 채우는 노력을 하자!

그리스도의 몸인 교회는 사람을 거절하는 것이 아닌, 동성애, 성전환 이라는 죄 되고 해로운 비정상의 생활 방식을 분명히 거절한다. **그 이유는 동성애, 성전환 등이 비과학적, 비의학적, 인간 생명 파괴적이며, 결정적으로 반성서적이고 반기독교적이기 때문이다.**

아무리 성서를 살펴보아도 동성애를 수용할 근거를 전혀 발견할 수 없다!

동성애, 성전환은 인간 존재를 파괴하는 무시무시한 죄악이며 성서가 항상 악한 죄로 규정하고 멀리하라는 부류다. 성서에 동성애의 여지는 없다.

이 사실이 엄중하지 않은가?

만일 누구든지 성서를 거역한다면 이미 기독교는 아니기 때문이다. 사탄의 올무에 걸려 이미 깊이 빠져들었거나 서서히 그 악령의 영역으로 변질되어가는 과정 중에 놓인 것이다. 빨리 올무를 벗어나야 한다.

늦기 전에 우리 모두 하나님께로 돌아오자!

특히, 사제들과 목사들은 눈먼 지도자가 되어 양 떼들을 사탄의 함정으로 이끌고 내려가지 말고, 빨리 신앙 본래의 궤도로 올라서야 할 중대한 시점이다. 동성애, 성전환을 드높이던 어두움의 시대는 지나갔기 때문이다.

우리 모두 트럼프의 새 시대에 뜨거운 눈물을 흘리며 잘못을 고백하자!

하나님께로 돌아오자!

그리고 '본래의 순수한 신앙'을 다시 찾고 간직하자!

5. 오바마의 동성애, 성전환에서 이제 벗어나자 2

오바마 시대는 비 내리는 밤이였다

비오는 날 우비를 입고 캄캄한 밤에 길을 찾는다. 바람이 불면서 빗방울이 드세게 떨어진다. 어두움이 짙게 내린 땅 위에서 사람들은 길을 잃는다.

오바마 시대는 비 내리는 어두움의 시대였다.

지금은 트럼프의 새 시대다. 먼 하늘로부터 빛이 비치기 시작했다. 반짝이는 빗방울이 연둣빛 나뭇잎 위에서 뒹군다. 새로운 서광이 지구를 둘러싸고 비쳐오고 있다.

그러나 깊은 잠에 취한 교회들은 아직도 오바마 시대의 비 내리는 어두움 속에 머무르고 싶어 하는 걸까?

잠들어 있다.

시대가 바뀌었다.

오바마 8년의 어두움에서 주저 말고 깨어나야 하리라!

교회들이여, 깊은 잠에서 깨어나자!

그리고 더럽고 해로운 공기에서 벗어나 새롭고 신선한 공기를 마시면서 다시 살아나자!

교회가 하나님을 예배하는 진정한 교회라면, 오바마 시대의 강요, 회유에 이끌려 하나님을 배반한 타락과 잘못에 마음 아파해야 할 시간이다.

잘못을 회개하며 새로이 마음을 가다듬는 시간이 필요하다.

"이제 빛이 비쳐오는 새 시대가 도래했으므로 어두움의 옛 시대를 과감히 탈출해야 한다."

하나님의 법을 어기는 행위들에서 지금 벗어나야 할 때 아닌가, 우리 모두 마음을 찢으면서 하나님께로 돌아와 본래 모습을 다시 찾자!

잘 알려진 대로 교회의 본래 모습은 '성령 충만'이다. 성령 충만할 때 우리는 거룩한 생활에 힘쓰게 되고, 하나님이 주시는 기쁨이 솟구치며, 생명력이 넘친다.

교회는 성서적으로, 역사적으로, 전통적으로 '동성애'를 가증한 죄로 여기고 거부해 왔다. 하지만, 성공회를 비롯한 일부 교단들은 오바마의 압력 아래 '동성애,' '성전환'을 인정하고 기독교를 변질시키는 최악의 사태를 발생시켰다. 또한, 일부 교단(UMC)에 속한 얼마의 교회들은 지금도 그런 최악의 사태로 달려가려고 몸짓을 하는 것으로 보인다. 아직도 비 내리는 어두움 속에서 계속 잠자고 싶은가 보다.

동성애와 이슬람을 높이고 자랑하던 오바마 8년의 시대…. 그 진흙탕 같은 시대가 이제 역사의 뒤안으로 사라졌건만, 잠든 교회들은 깨어나지 않았다. 계속 잠들어 있어도 좋다고 여기나 보다.

아니다!

더 이상은 어둠 속에서 잠에 취해있을 때가 아니다!

이제는 백악관에 트럼프 대통령이 집무한다. 대통령 취임식 때 높은 하늘에서 빛이 내려오며 비추었다고 전해지는 환한 빛의 시대, 하나님을 높이고, 교회를 존중하며, 미국을 사랑하는 트럼프 집권의 시대다.

지난 오바마 집권 8년 동안 소돔과 고모라의 죄에 덩달아 휘말린 교회들은 이제 모두 벗어나야 할 시기 아닌가!

트럼프의 새 시대가 우리에게 새 기회다!

지금 우리는 역사의 대전환기에 놓여 있다.

오바마 8년 동안 하나님과 성서를 거역하고 욕정과 쾌락을 쫓아가 동성애, 성전환에 동조하며 저지른 모든 잘못과 오류에서 탈출해 바른 궤도로 돌아와야 하는 중대한 시점에 놓여 있다.

그 시기가 지금이다!

인류와 교회 역사의 매우 중대한 결정점에 우리는 서 있다.

교회와 교단은 하나님과 성서를 존중하고 따를 것인가?

아니면, 하나님과 성서를 무시하고 기독교 신앙마저도 변질시킬 것인가?

이제 오바마 전 대통령이 8년 동안 자랑스럽다고 그처럼 높이며("6월은 자랑스러운 게이의 달," "자랑스러운 성소수자의 달"), 매년 백악관으로 초청해 연회를 베풀고 포상하고 부추기던 동성애, 성전환, 성소수자(LGBTQ)라는 비정상의 해로운 행위들을 벗어 버릴 때 아닌가?.

성서가 가증한 죄로 규정한 행위들을 교계와 학계 지도자들이 좋다고 앞장서 지지하고 거들지 말았어야 할 것 아닌가?

엄청난 잘못에서 돌이키자!

재옷을 입고 눈물을 펑펑 흘리며 다시 거룩함을 회복해 마음과 몸과 행위를 깨끗이 하고 참된 신앙의 모습을 이루자!

21세기의 혼란한 시대, 우리는 인류와 교회 역사상 긴급 사태에 처해 있으며, 선과 악의 불꽃 튀는 격렬한 전투가 벌어진 사납고 맹렬한 소용돌이 속에 빠져있다.

교단과 교회들은 성서와 하나님 편에 설 것인가?

아니면, 쾌락과 사탄의 편에 설 것인가?

우리들 앞에 양 갈래의 길이 놓여 있다. **우리는 노선이 다른 두 길을 모두 갈 수 없으며 어찌할 수 없이 한 길로 가야 하는 선택의 기로**에 처해 있는 것이다. 하나님과 사탄 양편 모두는 없다. 우리들 앞에 '이것이냐, 저것이냐'의 선택이 있을 뿐인데, 하나님과 사탄 사이에 절충은 없기 때문이다.

21세기 인류와 교회 역사의 대위기 속에서 하나님의 거룩한 교회는 이제 **마지막 선택의 기로** 앞에 서 있는 것이다!

나뭇가지 끝에 매달린 마지막 잎새처럼 위기의 기로에 아슬아슬하게 놓여 있다. 만일 교계와 학계 지도자들이 성서에서 '가증한 죄'로 경고한 동성애 행위를 공공연히 인정하고 성직자조차 그런 죄를 범한다면, 그때 교회는 변질되었고, 이미 교회가 아니다. 사탄의 영역으로 끌려들어 간 세상에 짓밟힌 맛 잃은 소금이다.

한국 감리교회는 이미 동성애 반대를 다시 선언했고 성공회를 제외한 한국 교단들은 성서의 가르침을 강력하게 수호한다. 한국 교회들과 교인들은 오바마 시대, 박원순 서울시장이 지원한 퀴어축제도 강력히 항거하였다(『미국이 운다! 동성애: 대한민국도 울지 않게 하라』, 2016).

이제, 미국 교회들도 오바마 시대 무분별하게 저지른 죄악들에서 떠나 죄 된 행위들에 강력히 항거하면서 하나님의 법을 지켜야 할 시점이다.

암세포는 처음에 조그맣게 심겨지지만 제거하지 않으면 점점 뿌리를 내리고 깊숙이 파고들어 끝내는 건강한 사람을 죽인다. 마찬가지로, 하나님의 법을 위반한 죄악 동성애, 성전환 등을 교회 내에 그냥 둔다면, 처음에는 표시가 잘 안 나더라도 결국은 그 뿌리를 교회에 깊숙이 박아 내리고 퍼져 기독교 자체를 마비시키고 죽일 것이다. 그것이 냉엄한 실체다. 동성애, 성전환은 교회와 국가를 무너뜨리는 사탄의 위장 전략임이 분명하다 버락 후세인 오바마가 8년 동안 미국에 씨앗을 널리 퍼뜨리고 깊숙이 심어놓은 '더러운 영'(unclean spirit)의 역사, **하나님을 대항하는 마귀의 궤계와 전략을 무너뜨려야 기독교가 산다.**

미국이 산다!

한국이 산다!

세계 인류가 산다!

서두르자!

사탄은 미국과 교회를 무너뜨리기 위해 밤잠 안자고 작전을 짠다!

지금 병들어가고 계속 썩어들어가고 있는데, 머뭇거리지 말자!

서둘러야 우리들 모두가 산다!

예수가 하셨듯 병든 부분을 치료하고 썩은 부분을 제거하며 '더러운 영'을 몰아내어 우리들 몸과 마음을 정결하게 하는 일이 남았다.

하나님 앞에서 울자!

지금이다!

사탄에게 협조해 변질된 교회들은 이제 악을 버리고 본래 모습을 되찾자!

인간이 본래 지닌 고유한 '하나님의 형상'을 복구하고 성령으로 가득 채우자!

그 시기가 지금, 바로 지금이다!

실패하지 말자!

교회가 실패하면 '하나님 아래 한 나라'(One Nation Under God) 미국도 흔들리고, 한국도 흔들린다.

온 인류가 흔들린다!

하나님을 외면하고 두려움 없이 동성애를 저지르는 그곳에 공허한 소멸이 따라오며 무서운 심판이 임하리라.

"21 세기 인류와 교회 역사의 대 위기속에서 하나님의 거룩한 교회는 이제 마지막 선택의 기로 앞에 서 있는 것이다."

우리는 인류와 교회 역사상 가장 중대한 기로에 서 있다.

교회와 교단은 하나님의 교회로 본래의 신앙 궤도를 탈환할 것인가?

아니면, 오바마 집권 8년 동안 사탄과 타협해 썩어가고 무너진 교회를 트럼프 시대에도 계속 썩도록 부추길 것인가?

제5장

예수와 동성애 성전환

1. 예수의 십자가와 부활 - 동성애의 여지는 없다

동성애의 여지는 없다

예수는 동성애를 인정했는가?

신앙인이 동성애나 양성애, 성전환 등 성소수자(LGBTQ)를 시인하고 그대로 수용해도 되는 것일까?

부끄럽게도 일부 교단 성직자들마저 동성애자라고 밝히는 혼돈과 암흑의 시대에 살고 있다.

"십자가에 못 박으라!

십자가에 못 박으라!"

빌라도 앞에서 유대인들은 소리를 질렀다.

"아니다!

이 사람은 죄가 없다!

그러므로 풀어 주겠다."

로마 총독 빌라도가 모인 무리들 앞에서 선언한다. 그러나 유대인들이 예수를 죽이라고 강력히 요구하고 빌라도는 민란이 일까 두려워 예수를 넘겨준다(마 27:24-26).

1) 십자가와 부활

십자가와 부활은 기독교의 두 핵심 진리다. 교회가 어떤 곳인가를 질문한다면, 간단히 **예수 그리스도의 십자가와 부활의 복음이 선포되는 하나님의 성전**이라고 말할 수 있다. 기독교 복음에는 둘이 필수다.

십자가와 부활은 밀접하다. 십자가 다음에야 부활이 온다. 어두움 후에 빛이 오듯 죽음이 있어야 부활도 있게 된다. 죽음 없이는 부활도 없으며, 고난 없이 영광도 없다.

고난 주간을 지나면 부활의 아침이 다가온다.

예수는 왜 십자가 위에서 죽임을 당하셨는가?

유대인들이 예수를 빌라도의 법정으로 끌고 가 고발한 죄목은 예수가 백성을 미혹하고, 로마 황제에게 세금 바치는 것을 금하며, 그 자신을 왕 그리스도라 한다는 것이다. 물론, 산헤드린 유대교 법정의 종교 지도자들이 로마 제국 법정에 고소하는 이 세 가지는 사실이 아니다.

예수는 세금에 대해 이렇게 말한다.

> 가이사의 것은 가이사에게 하나님의 것은 하나님에게 드리라(눅 20:25).

예수는 이 세상 왕국과 하나님의 왕국을 선언한다.

'이 세상 왕국과 하나님 왕국' 사복음서의 내면에는 이 주제가 깊이 흐른다. 단지 보이는 세상 나라가 아닌 보이지 않는 하나님 나라가 있다. 예수는 보이는 이 세상 왕국의 일로 골몰한 사람들에게 보이지 않는 하나님 나라를 가리키면서 선포한다.

보이는 이 세상 왕국에서 불의를 저지르고 자신의 부를 축척하기 위해 거짓과 술수로 권력을 휘두르며 정의를 탄압하고 약자를 괴롭히는 이 세상 권력자들에게 '하나님 왕국'을 선포함으로써 그들이 저지른 불의가 하나님의 심판을 받고 약자를 괴롭힌 행위가 하나님의 진노를 면치 못한 것임을 예고한다.

2) 하나님의 나라!

하나님의 나라가 가까이 왔음은 불의한 권력자들과 약자를 괴롭히는 자들, 하나님의 법을 어긴 악한 자들에게는 무서운 진노와 심판과 형벌을 예고하는 '심판의 날'이 다가오고 있음을 알려 준다.

하지만, 이 세상 권력에 탄압당하는 자들과 착취당하는 자들, 하나님의 법을 성실히 지키며 사는 사람들에게는 불의한 자의 탄압과 약탈에서 해방되고 위로와 보상을 받으며 잘했다고 칭찬받는 기쁨과 상급이 기다리는 '천국 잔치'에 초대 받는 것을 예고한다.

이 세상 왕국들은 온 우주 만물을 창조하고 운행하며 다스리는 최고 통치자 하나님의 왕국이 있음을 알게 될 때, 약소국이나 약자에 대한 탄압과 불의와 약탈을 중지하고, 두려운 마음으로 올바른 선정을 베풀며, 하나님의 법을 지키고 살기 좋은 나라와 살기 좋은 사회를 건설하게 된다. 그리하여 부도덕과 타락과 악을 멸하고, 도덕성과 건강한 생활과 선을 드높이게 된다.

하나님 나라는 이 세상 나라를 바로 세우는 '모형'이요, 이 세상 나라를 간섭하고 통치하며 바로 이끄는 '지도국'이다.

빌라도가 말한다.

> 너는 유대인의 왕이냐(요 18:33).

빌라도의 질문에 예수는 대답한다.

> 내 나라는 이 세상에 속한 것이 아니라(요 18:36).

빌라도는 유대인 종교 지도자들이 시기심으로 예수를 넘긴 것을 알기 때문에(마 27:18) 할 수 있는 한 예수를 풀어 주려 힘쓴다. 빌라도는 세 번씩이나 예수를 풀어 주려고 시도하면서 예수가 무죄함을 강조한다(눅 23:1-25).

> 내가 보니 이 사람에게 죄가 없도다(눅 23:4).

> 너희가 고발하는 일에 대하여 이 사람에게서 죄를 찾지 못하니라(눅 23:14).

> 그에게서 죽일 죄를 찾지 못하였나니 때려서 놓으리라(눅 23:22).

그러나 이때 대제사장들과 장로들이 무리를 선동해 (마 27:20) 고함치게 한다.

> 그를 십자가에 못박으라 십자가에 못박으라(눅 23:21).
> Crucify him! Crucify him.

유대교 지도자들의 선동을 받은 무리들이 외친다. 무리들이 너무 고함치면서 집요하게 십자가 처형을 요구하기 때문에, 빌라도는 민란이 일어날까 두려워 예수를 그들이 요구하는 대로 처형하도록 넘겨준다.

이때, 민란과 살인죄로 옥에 갇혀있던 바나바는 예수 대신 풀려나 자유인이 된다(마 27:24-26; 눅 23:25).

예수에게 처참한 십자가 형벌이 내려졌다.

예수는 골고다 언덕에서 두 강도와 함께 십자가 위에서 피를 흘리신다. 죄 없으신 예수의 보혈은 우리 모두를 구원하는 능력이다(히 10:11-14). 구원의 피다(롬 3:23-24). **기독교는 이 '십자가의 능력'을 초기 기독교에서 체험하고 고백한 그대로 확고히 고백한다.**

3) 십자가!

로마 제국이 로마 시민을 제외한 반역자에게 주로 내리는 형벌 십자가는 인간이 상상할 수 있는 가장 치욕스럽고 굴욕적이며 고통스러운 형벌이다. 십자가는 인간의 육체뿐 아닌, 정신마저 짓밟고 모욕한다. 예수는 극도로 수치스럽고 고통스러운 '십자가의 길'을 가셨다.

그러한 예수의 삶과 죽음의 방식은 이기주의적인 쾌락을 즐기려는 동성애의 삶, 마음대로 인간 육체를 파괴하고 생명을 중단시키는 성전환 등의 삶의 방식과는 너무 거리가 멀다. 예수는 십자가 위에서 극심한 아픔 중에도 하나님을 끝까지 신뢰하고 의지했다.

아버지여 내 영혼을 아버지 손에 부탁하나이다(눅 23:46).

예수는 하나님에게 영혼을 의탁하면서 마지막 숨을 거두신다. 그즈음 온 세상에 흑암이 덮인다. 암흑이 우주를 지배하는 시간이다. 선이 온통 패배한 것 같고 악이 완전히 승리한 것 같다.

선과 악의 싸움!

하나님의 빛과 사탄의 흑암의 대결!

예수는 십자가에 못박혀 피를 흘리고 고통을 당하면서 죽기까지 복종하셨다(빌 2:8).

하나님께 절대 순종하신 예수!

이런 예수에게 하나님의 법을 거역하는 동성애의 여지가 전혀 없음이 너무 분명하지 않은가?

더욱이, 성서에서 가증한 죄로 강조해 알려 주는 동성애, 온전한 인간을 해부해 비양성으로 만드는 잔인한 성전환의 여지는 없다!

다시 강조해, 예수는 하나님께 순종하면서 수치와 냉대와 심한 고통을 홀로 당하셨다. 제자들마저 예수를 버리고 도망갔지만, 예수는 하나님께 철저히 순종하셨다.

예수는 멸시와 천대와 버림과 십자가의 극심한 고통 속에서도 오직 '하나님

뜻'만을 바라고 원하였다. **최후 버림받은 것 같은 순간도 하나님께 맡기신다.**

하나님을 철저히 믿고, 하나님의 법을 따르며 순종하는 삶, 죽음의 순간에도 하나님께 어린아이처럼 의탁하고 영혼을 맡기는 삶, 죽기까지 하나님의 법과 뜻을 따르고 이루며 복종하는 삶!

예수는 정말로 하나님의 법과 말씀에 역행하는 동성애와 거리가 멀다. 악이 온 세상을 지배하는 것 같았지만 흑암의 무덤은 갈라졌다. 기승을 부리던 어두움은 오래가지 못했다. 하나님이 예수를 죽음에서 일으키시고 다시 살리셨다.

"너희들은 왜 산자를 죽은 자 가운데서 찾는가?"

무덤을 찾아간 여인들에게 천사는 말한다.

> 그는 여기 없다. 그가 살아나셨다(눅 24:5-6).
>
> 갈릴리로 가라. 거기서 예수를 만나리라(마 28:7).

4) 예수는 부활하셨다!

기승을 부리던 암흑과 혼돈의 세력들은 패배했다. **예수가 부활하심으로 인류에게 영원한 생명의 길로 들어가는 구원의 문이 열렸다. 그는 길과 진리와 생명이시다**(요 14:6). 그리고 이제 부활하신 예수, 거룩한 하나님이 죽음의 암흑으로부터 일으키신 예수에게 동성애란 상상도 불가능하다.

5) 예수의 십자가와 부활!

이 두 기독교의 핵심 진리에는 동성애, 성전환 등이 수용될 자리가 전혀 없다. 십자가를 지고 따르라고 하신다.

하나님이 일으킨 부활은 신성한 것이다.

십자가의 뼈저린 고통 후에 부활이 온다!

어려울 때 예수처럼!

하나님의 뜻이 이루어짐에 초점을 두자!

암흑과 고통이 지나면, 반드시 부활은 온다!

우리 캄캄함 속에도 광명한 부활을 고대 하자!

그리고 하늘 나라의 영원한 기쁨을 깊이 새겨두자!

하나님이 우리를 일으키신다!

2. 성전환자 학생의 죽음을 보면서

슐츠는 총을 맞는 것보다 더 아픈 고통에 시달렸다

가슴 아픈 사건이 발생했다. 조지아 택의 성소수자 학생회의 회장이 경찰의 총격을 맞고 숨졌다. 2017년 9월 16일 토요일 컴퓨터 공학과 4학년 스카우츠 슐츠(Scout Schultz)가 맨발로 경찰들과 대치하다 타일러 벡(Tyler Beck) 경찰의 총격을 받고 숨졌다.

언뜻 언론 보도를 보면 호감을 주는 한 여학생이 난폭한 경찰에게 억울하게 죽음을 당한 일로 생각했었다. 슐츠의 죽음에 학생들의 항의가 거세게 일고 폭력 시위로 번지면서 3명이 체포되었다. 그런 거센 항의도 잘못은 아니라고 생각했다.

하지만, 무언가 이상한 느낌이 들었다. 마음속으로 밀려드는 연민과 의문과 아픔이다. 사건을 보도하는 언론은 슐츠의 처지를 조명해 보려는 노력보다는 총을 쏜 경찰에게 문제점이 있는가를 추적하고 있는 것 같다. 학생들도 경찰의 폭력적인 공권력 행사를 비난하며 격렬한 시위를 벌였다.

그러나, 왜 이런 비극이 발생했을까?

이 사건의 핵심 문제는 무엇인가?

왜 21세의 젊은 슐츠는 정신 붕괴(Mentally breakdown)를 겪으면서 불행한 시간들을 보내다가 '자살 메모'를 3장이나 남겨 놓았는가?

왜 그처럼 비정상의 불행한 삶을 살았을까?

주의 깊게 살펴보면 슬픈 장면이 드러난다. 슐츠가 사건 직전 911에 기괴한 전화를 걸었다.

"어떤 사람이 외곽 주변에서 살금살금 걸어 다니고 있는 것 같다."

"그 남자(He)는 손에 칼을 지니고 있는 것 같다.

그가 히프 위에 총을 지녔을지도 모른다고 생각한다."

"그는 긴 금발을 지닌 남자(Male)이다."

슐츠가 설명한 이 모습은 바로 '그 자신의 모습'이었다. 사건 테이프를 보면 바로 슐츠가 긴 머리를 하고 청바지를 입은 채 손에 칼을 지니고 있다. 슐츠는 남성에서 여성으로 성전환 하였다. 그러나 경찰에 자신을 묘사할 때는 긴 금발 머리의 "남자(He, male)"라고 했다.

이 얼마나 우리의 가슴을 무너뜨리는 그의 고통스러운 표현인가!

그는 버락 후세인 오바마 전 대통령이 격려하는 성전환 수술을 했다. 그의 얼굴은 여자인데 몸은 남자의 구조다. 슐츠는 불행히도 남자도 여자도 아닌 '비양성'(Non binary)으로 표현된다.

얼마나 괴상한 표현인가?

그는 정상인과는 다른 '괴상한 인간'이 되어 정신 질환에 시달렸던 것으로 보인다.

이것이 바로 버락 후세인 오바마가 온 힘을 다해 8년간 미국에 심어놓은 씨앗이다. 자랑스러운 성소수자(LGBTQ, Lesbian Gay Bisexual Transgender Queer), '6월은 자랑스러운 LGBT'의 달로 선포하면서 동성애자 성전환자들을 백악관에 초청해 잘한다고 추켜세우며 인권상을 주어 포상하고 재정을 지원해 세력을 키워준 씨앗이다.

오바마가 물러나기 전까지도 미국에 얼마나 성전환자를 양성하고 뿌리 깊이 심어놓고 확산시키려 노력했던가. 각 학교에 성전환자 화장실 지시까지 내렸다. 오바마가 역사상 처음으로 미국 군대에 성전환자 입대를 허용하고,

현역 군인들에게 성전환 수술비마저 지원해 오바마 이전에는 미국 군대에 한 명도 없던 성전환자가 이제는 수천 명에서 만 명을 넘는다고 하지 않는가!

오바마가 키운 성전환자 군인들이 슐츠처럼 정신 질환이 생기고 정신이 붕괴된다면 어쩌란 말인가!

다행히도 트럼프 대통령이 군대 성전환자 금지령을 내렸다. 오바마가 산출한 '남성'도 '여성'도 아닌 '비양성'의 인간은 슐츠처럼 비극을 불러올 것이다. 하나님의 법칙을 인위적으로 해부하고 재구성한 수술에 예측 불허한 위험이 숨어있으리라(『미국이 운다! 동성애: 대한민국도 울지 않게 하라』, 2016).

슐츠가 얼마나 번민하고 고통스러웠으면 자살 메모를 3장이나 남기고 경찰을 불러 대치하면서 자신에게 총을 쏘라고 말했을까?

경찰의 총을 맞는 것보다도 더욱 아프고 고통스러운 정신적 충격과 우울, 갈등과 번민, 고통이 성전환 수술을 받은 슐츠를 수시로 괴롭혔을 것이다.

유치원생부터 시작해 미국 군인들과 젊은이들을 남성도 여성도 아닌 괴물로 성전환하도록 재정을 지원하며 부추긴 버락 후세인 오마마와 그 세력들-그것을 강력히 막지 못한 교회와 정치, 학계, 의료계 지도자들 모두 이 총명한 젊은이의 죽음에 책임을 느껴야 하리라.

경찰을 비난하기에 앞서, 슐츠를 죽음으로 몰고 간 그의 성전환 수술, 성소수자(LGBTQ)에 재정을 지원해 양성한 오바마와 이에 침묵하고 동조한 정치가들 종교 지도자들도 속히 잘못을 돌이켜야 한다.

더 이상 비정상의 성전환자를 정상이라 우기지 말고, 더 이상 비정상의 성전환 수술, 인간 존재를 파괴하는 악한 수술을 미국 군대에, 젊은이들에게, 또한 어린아이들에게마저 하도록 부추기고 강요하지 말아야 한다.

도날드 요한 트럼프 시대에 미국이 바른길로 돌이켜 성전환을 금하고 다시는 젊은이들이 슐츠처럼 무너지는 비극이 없어야 겠다.

청소년들을 병들게 하는 오바마의 성소수자(LGBTQ) 정책을 트럼프가 속히 모두 폐하고 윤리성과 건강성을 회복하도록 우리 모두 지원하고 기도하자!

대학 성소수자 그룹의 회장으로 성소수자(LGBTQ)의 권익을 옹호하던 젊은 슐츠의 엄청난 비극에 마음이 아프다. 맨발로 나서서 그는 경찰에게 말했다.

"내게 총을 쏘세요!"

그릇된 오바마와 정치인들이 만들어 낸 혼돈된 이 시대의 희생물인 한 청년이 아픔을 토해 내는 듯이 하는 절규가 메아리친다.

3. 예수의 탄생 이야기 "성령으로 잉태하사" 동성애의 여지가 없다

동성애의 여지는 없다

예수를 세속화 시키는 자들 중에 동성애 옹호자들은 마치 역사적 예수가 동성애를 인정하거나 예수에게 동성애가 아무 문제없는 것처럼 오도한다.

게이, 레즈비언 등 성소수자(LGBTQ)를 약자로 간주하면서 예수가 연약한 자의 편에 섰기 때문에 성소수자를 약자로 수용해야 한다거나, 예수를 동성애자로 표현하려는 사람도 있다. 심지어 성공회 교단 처럼, 소위 '동성결혼'도 '남녀 간의 연합인 결혼'과 동일하다고 어거지로 우기기마저 한다.

교계, 정계, 학계 지도자들의 이런 혼동으로 교회는 하나님을 대항하는 죄악의 길로 접어들었다.

그렇다면 우리들 모두 정신을 가다듬고, 좀 더 냉정하게 생각해 볼 필요가 있다.

예수가 정말로 동성애를 수용했는가?

역사적 예수가 성전환 수술을 인정할까?

예수가 성소수자(LGBTQ)를 정말 약자로 간주하면서 **그들의 행위들을 묵인하고 시인할 수 있었을까?**

간단히 대답해 "아니오"(No)이다. 예수는 동성애를 전혀 인정하지 않았으며, 성소수자 역시 약한 자로 수용하지 않았음을 확실하게 추측할 수 있다. 동성애, 성전환, LGBTQ는 과부나 고아처럼 약한 자들이 아닌 하나님의 법을 어기고 죄를 지은 부류의 그룹에 속하는 사람들이기 때문이다.

오늘날 예수를 어떻게 하든 동성애에 연결지으려는 자들은 예수의 생애와 사역과 가르침을 잘 이해하지 못하면서 전혀 근거없는 공상을 말한다. 하지만, 인간 예수의 어떤 모습이나 사역도 어떤 가르침도 동성애와 연결지을 부분은 전혀 없다. 0.001%도 없다. 더욱이, 성전환 수술은 예수 시대에 상상조차 불가능하다.

그 시대는 로마 제국이 유대인을 지배하던 시대로 당시 유대교는 율법을 준수함으로 하나님이 선택한 거룩한 백성으로서의 특권을 누리고 율법을 통해 의로워지며 구원에 이르려고 힘썼다.

그러므로 구약 성경에서 가중한 죄로 금지하는 동성애를 쉽게 범했다는 것은 상상하기 어려우며 더욱이, 소위 '동성 결혼'은 더욱 불가능한 것이다.

예수가 결혼에 대해 말할 때는 언제나 '남녀의 결합'이 전제다. '남녀의 연합' 아닌 다른 결혼은 없다. 성서에서 결혼은 오직 한 가지를 의미하는데, **부모를 떠나 남자와 여자가 하나되는 것**(막 10:6-9; 창 2:24)이다.

성서에서 구약이나 신약에도 그외에 다른 결혼은 없다. 소위 '동성 결혼'은 죄에 속하며 결혼이 아니다. 긴 인류 역사와 전통 속에서도 '남녀의 연합'과 근본적으로 다른 '동성연합'을 결혼이라 부르지 않았으며 오늘날도 결혼이라 부르지 않는 것이 적절하다. **동성애는 '죄'이며 소위 '동성 결혼'은 결혼이 아니기 때문이다.**

그 뿐만이 아닌 더 나아가 소위 '동성 결혼'은 동성애라는 죄의 연속이요, 죄의 연속적인 점철이다. 동성애라는 죄속에 푹빠져 계속 머물러 있는 것이다. 마약 중독자가 계속 중독에 빠져 헤어나지 못하듯, 동성애의 죄 된 행위들에 취하여 계속 죄 된 행위들을 하는 것이다. 예수와 성서가 금하는 죄인 동성애를 어떤 방식으로든 관련지을 근거는 전혀 발견되지 않는다.

그 반대다!

예수는 동성애를 확실히 거부하고 질책함이 분명하다. 예수는 전적으로 거룩한 삶을 살았으며 전 생애에서 하나님의 뜻과 의를 이루기 위해 전념하였기 때문이다. 성서에서 예수와 동성애를 관련지을 근거들이 전혀 없는 반면, 예수가 동성애와 전혀 거리가 멀다는 것을 뒷받침 하는 자료들은 허다하다.

그런 중요 근거 자료들 중 하나가 예수의 탄생이야기(마 1:18-25; 2:1-12; 눅 1:26-38; 2:1-20) 인데, 그 탄생이야기에서부터 **예수의 성스러움이 확연히 드러난다.**

탄생 내러티브를 살펴보자.

예수는 거룩한 영, 즉 '**성령**'(Holy Spirit)**으로 잉태되었다.**

> 마리아가… 성령으로 잉태된 것이 나타났더니(마 1:18).

> 다윗의 자손 요셉아… 그에게 잉태된 자는 성령으로 된 것이라(마 1:20).

> 성령이 네게 임하시고 지극히 높으신 이의 능력이 너를 덮으시리니… 나실 거룩한 이는 하나님의 아들로 불리우리라(눅 1:35).

예수는 기원부터 '성령' 으로 잉태되었다.

거룩한 하나님의 '성령' 으로 잉태된 예수는 '거룩한 이' 요, '하나님의 아들' 이다. 그는 유대인과 인류의 '구세주 메시아' 로 탄생하였다. 요한복음은 더 나아가 태초에 계신 말씀(The Word), 즉 하나님으로서 예수를 알려 주며 예수는 '참빛'(True light)으로 각 사람에게 빛을 비춘다(요 1:1-5; 9-10, 14). 예수는 빛과 거룩함이다.

마리아를 통해 탄생하신 구세주 메시아 예수는 '성령'으로 잉태된 '거룩한 분'이다. 예수의 탄생은 거룩한 하나님의 아들이 이 땅에 오시는 큰 기쁨이요, 위로와 구원이며, 영광과 평화로 표현된다.

그의 탄생은 단지 유대인뿐 아닌 온 인류에게 미칠 큰 기쁨의 소식이다.

'하나님께는 영광이요, 땅에는 평화'다. 예수의 탄생에 대해 마태복음 1:18-25; 2:1-12과 누가복음1:36-38; 2:1-20에서 들려주는 이야기는 강조점에 약간 변이가 있다.

마태복음에 '다윗의 자손' 요셉에게 천사가 꿈에 나타나 예수 탄생을 예고하며, 누가복음에는 다윗 가계의 요셉과 정혼한 마리아에게 가브리엘 천사가 나타나 성 수태 예고'를 한다. 유대인 전통에 익숙한 마태는 남성을 존중한 옛 유대 관습을 따르고, 우주적이며 약자에 관심을 지닌 누가는 여인 마리아의 성스러운 잉태를 강조해 보인다.

마태는 동방 박사들이 별을 보고 따라와 예수가 탄생한 '베들레헴'에 도달한 이야기를 들려주고, 누가는 들에서 '양치던 목자들이 천사들의 선포를 듣고 베들레헴에 와서 구유에 누인 아기를 발견한 사건을 보도해 준다.

상호 보완해서 읽으면 내용과 의미를 더욱 깊고 넓게 이해할 수 있다. 마태와 누가의 묘사 방향이 조금 다르더라도 예수의 탄생 이야기에서 일치하는 중심 내용이 있다.

① 성령(Holy Spirit)으로 잉태되었다.
② 그 이름을 '예수'라 하라.
③ 아버지 요셉은 다윗의 자손이다.
④ 다윗의 성 베들레헴에서 탄생하였다.

예수의 탄생은 유대인들의 오랜 **메시아 대망** 속에서 일어난 사건이다. 유대인들이 바라고 기대하는 대로 메시아는 '다윗 왕의 후손 요셉'을 통해 '다윗의 동네 베들레헴'에서 탄생하신 것이다!

나라를 빼앗기고 예루살렘 성전마저 파괴(1차 파괴 B.C. 586년, 2차 파손 B.C. 169년, 3차 파손 B.C. 63년, 4차 파괴 A.D. 70년)됨에 따라 포로가 되어 흩어지며 제국들의 속국 민족이된 유대인들은 '구원자 메시아'가 나타나기를 손꼽아 기다렸다. 메시아가 나타나 로마 제국을 무너뜨리고 영원한 다윗 왕국(삼하 7:12-16)을 세우리라!

과연 메시아 예수가 로마 제국을 참패시키고 유대인을 다시 해방시킬 것인가?

유대인들은 정치적 메시아를 기대하였다.

예수의 탄생에서, 특히 **'성령으로 잉태되었다'** 에 깊은 주목을 하자.

예수는 하나님의 '거룩한 영,' 즉 '성령'으로 잉태되었다.

예수의 잉태는 전적으로 거룩한 역사다. 거룩한 하나님이 인류를 구원하기 위해 인간이 거주하는 지구 한 가운데로 뚫고 들어온(눅 7:16; 요 1:14) 거룩한 하나님이 일으킨 거룩한 역사다.

여기에 벼락 후세인 오바마가 백악관에서 8년 동안 심혈을 가울인 노력으로 오늘날 만연하게 확산된 '소돔과 고모라의 죄,' **인간 타락의 절정인 '동성애, 성전환, 양성애' 등이 결코 어떤 이유로든 예수의 탄생에서 부터 전혀 관련지을 수 없으며, 성격상, 양태상 정반대이고 거리가 먼 것임을 알 수 있다.**

왜냐하면, 성령으로 잉태된 예수는 탄생하기 이전부터 거룩하며, '성령,' 즉 '거룩한 영'이 예수의 본질이기 때문이다. 이 '거룩한 성령'은 예수의 유아기와 자라는 청소년기를 거쳐 공생애 사역을 수행하는 장년에 이르기까지 예수를 형성한 근본이요, 본질이며, 그로 인해 예수를 통해 보여진 모든 생애와 가르침과 사역의 근본 속성이기 때문이다. 그러므로 거룩한 하나님의 '성령'이 예수의 생애와 모든 사역에서 보여졌다.

좋은 나무는 좋은 열매를 맺고 나쁜 열매를 맺을 수 없듯, 무화과 나무가 반드시 무화과 열매를 맺는 것처럼, 성령으로 잉태된 예수는 성령을 나타내 보이고 성령의 열매를 맺으신다.

요즈음 아무리 가난해도 말구유에서 아기를 출산하는 여인은 없으리. 피치 못할 사정으로 여인들이 어려운 출산을 하는 경우가 있다. 여인의 아기 출산은 매우 존중되어야 하며 바람직한 환경에서 이루어지도록 정치가들은 좋은 정책을 실시할 필요가 있다. 이재명 시장이 시도한 성남시의 '공공산후조리원'은 바람직한 정책의 한 보기일 것이다.

메시아 예수는 초라한 동물의 집에서 탄생하였다. 하지만, 예수가 누추한 마굿간에서 나신 것이 '거룩한 잉태'를 누추하게 만들지 않는다. 구유에 뉘었다고 '메시아 구세주'가 마른 풀이 되지는 않는다.

다이아몬드는 어디에 있어도 다이아몬드이기 때문이다. 컴컴한 지하 동굴 깊숙이 묻혀 있어도 다이아몬드는 찬란한 광채를 발하고 있다.

A.D. 60년경, 기독교인들을 박해한 로마 제국의 폭군 네로 황제 시대에 기독교인들이 맹수의 먹이로 사자들에게 던져졌다고 해서, 황금같이 변함없는 신앙을 지닌 그들이 단지 동물의 먹이로 바뀌지 않는다. 그들은 하나님 나라로 높임을 받았으며 온 세계에 하나님의 뜻을 이루어 로마 제국을 기독교 국가로 바꾸어 놓고 인류 역사의 궤도를 그리스도 중심으로 수정해 놓은 영웅들이다.

사나운 맹수의 먹이가 되어 피 흘리고 죽어 가면서도 그들의 신앙은 저 높은 하늘에 반짝이는 별처럼 환하고 찬란하게 빛났다.

구세주는 어느 곳에 있어도 구세주다. 다이아몬드 보다 비교할 수 없이 더욱 찬란한 빛과 광채로 가득하신 분, 그분 자신이 참빛이신 분, 높고 고귀하고 거룩한 '성령'(Holy Spirit)으로 잉태되어 거룩한 성령 속에 자라고 성령을 드러내 보이시는 분, 말씀이 육신이 되신 분으로, 그분의 본래 속성이 거룩한 '성령'이신 분, 예수는 시간과 장소를 초월해 항상 거룩하시다!

아들을 낳으리니 이름을 예수라 하라(마 1:21; 눅 1:31).

'예수'라는 뜻은 '하나님이 구원하신다'(God saves). 또는 '하나님은 구원이시다'(God is salvation) 이다. 예수가 유대인들과 모든 백성을 죄에서 구원하며(마 1:21), 다윗 왕가의 왕으로 등극하고 그 왕국은 영원하리라(눅 1:32).

예수는 하늘 높은 자리를 버리고 낮고 낮은 땅 위에 그것도 동물이 거주하는 마굿간에서 탄생하였다. 그분의 탄생은 결코 화려함과 웅장함으로 과시되지 않았다. 다이아몬드는 화려한 포장지를 필요로 하지 않는다.

로마 황제 아우구스트(Augustus)의 통치 아래 종속국인 유대 땅, 그 땅의 베들레헴 이라는 작은 도시의 마굿간에서 탄생하였다. 가난하고 궁색하며 미천한 자리다.

어떻게 그처럼 미천한 자리에서 일어난 예수의 탄생이 인류에게 큰 기쁨의 소식이 되는가?

로마 제국에 나라를 빼앗긴 유대인은 로마의 압제와 통치로부터 유대 민족을 해방시키고 B.C. 1000년경 다윗 왕국 시대의 광대한 영토와 번영을 다시 일으킬 '메시아'를 고대하고 있었다.

"메시아, 메시아, 메시아!"

유대인들은 구약 시대 제국들의 지배와 포로기로부터 메시아를 고대하였으며, 신약 시대 로마 제국의 잔인한 정복과 지배 아래서 그 대망은 더욱 간절해졌다.

"우리를 구해주시오!

우리를 로마 제국의지배와 압박에서 해방시켜 주시오!"

일제강점기에 나라를 빼앗기고 억울하게 탄압당하던 남북한 민족처럼, 나라를 빼앗긴 그들은 로마로부터 해방을 꿈꾸면서 독립된 이스라엘 국가와 성전의 복구를 갈망하며 꿈꾸었다.

"메시아가 나타나 이스라엘을 구원하리라!"

성령으로 잉태된 예수의 탄생은 하나님이 탄압당하는 나라와 인류를 구원하는 **우주적 사건**이다. 죄에서 돌이켜 하나님의 백성이 되게하고 이 세상의 악한 제도와 억압과 굴레로부터 해방시켜 자유를 주며, 인류를 죄와 죽음으로부터 구속해 하나님 나라의 백성으로 만드는 구속사적 사건의 출발점이다. 하나님의 구원 역사가 시작되는 거룩한 사건이다.

여기에 하나님의 말씀과 법을 어기는 동성애, 성전환등이 스며들 여지는 결코 없음이 너무 자명하지 않은가!

우리 눈에 보이는 세상, 이 세상 나라들은 일시적이다. 하지만, 예수의 왕국, 즉 하나님 나라는 영원하다. 그 하나님 나라는 거룩한 곳이요, 영광의 광채로 가득한 곳이며 죄가 전혀 깃들지 못하는 곳이다. 이 세상 나라들은 순간적이지만 거룩하고 영원한 창조주 하나님, 우주와 만물의 최고 통치자 하나님이 다스리는 하나님 나라는 영원무궁하다.

그의 나라는 영원하리라!

아기 예수여!

성령으로 잉태된

거룩하신 예수여!

오소서.

이 혼란스러운 세상을 돌아보소서.

하나님을 반역하는 동성애, 성전환으로

무너진 교회와 나라를 구하소서.

이슬람 테러로부터 보호하시고

교회와 나라를 파괴하는 악을 멸하소서.

거룩하신 예수여!

우리에게 의의 최후 승리를 주시며

LGBTQ가 심긴 공동체를 구하소서.

우리 인간이 하나님의 형상과

거룩함을 지키게 하시며

우리를 성결하게 하소서.

하나님의 사랑으로 우리를 감싸소서.

거룩한 성령으로 우리를 채우소서,

정결하고 거룩하게 하소서.

우리를 구원하소서!

제6장

빛이 비치는 트럼프 대통령의 새 시대

1. 2018년 6월 26일: 아, 이제 희망이 보인다!

"아, 저기 파란 하늘이 보이기 시작한다."

"밝아오는 하늘을 좀 봐!"

대지를 온통 덮었던 어두운 구름이 서서히 걷히면서 하얀 안개들이 피어나고 그 위에 파란 구름이 살포시 얼굴을 내민다. 찬란한 태양이 그 가운데서 힘차게 솟구치며 떠오른다.

밤새도록 으르렁거리며 위협하던 사나운 천둥과 흑암이 사라지려나 보다.

사랑의 하나님은 "하나님 아래 한 나라 미국"(America, One nation under God)을 결코 버리지 않으셨다.

소돔과 고모라로 향하는 죽음의 행진을 그냥 보고 계시지 않으신다.

2018년 6월 4일

하늘이 미소 짓는 날

트럼프 대통령의 지원을 받은 미국연방대법원은 7:2의 압도적 결정으로 오바마 시대의 판결을 **뒤엎었다**. '동성 결혼 케이크' 제작을 거부한 **잭 필립스(Jack Phillips)**에게 **대승리**를 안겨준 것이다.

콜로라도 주 덴버 교외의 레이크우드 도시에 '명작제과점'(Masterpiece Cakeshop)이 있다. 레이크우드는 콜로라도 주에서 다섯 번째로 인구밀도가 높은 도시다. 여기서 명작제과점을 운영하는 잭 필립스는 독실한 기독교인이다.

2012년 어느 날, 그의 제과점에 데비드(David)와 챨리(Charlie) 게이 커플이 들어왔다. 그들은 '게이 결혼 축하 케이크'를 멋지게 만들어 달라고 주문하였다. 그러나 주인 필립스는 성서가 말하는 대로 결혼은 **한 남자와 한 여자의 결합**이라고 확고히 믿기 때문에 조심스럽게 대답하였다.

다른 모든 빵들을 당신들에게 팔 수 있어요. 하지만, **게이 결혼** 축하 케이크를 만드는 것은 **내 신앙 양심에 위반돼요. 만들 수 없습니다.**

필립스는 케이크 예술가(Cake artist)이다. 그가 운영하는 **명작제과점**에서 케이크를 멋지게 창작해 만들면서 **하나님을 섬기고 하나님께 영광 돌리는 것이 으뜸 목적**이다. 그의 제과점 경영 방침과 목적은 **하나님을 영화롭게 하는 것**(To honor God)이다.

사업을 통해 하나님을 섬기고 케이크 예술을 **통해 하나님께 할 수 있는 모든 영광을 돌리며** 하나님이 위임하신 **가족을 지원하는** 것이 그의 꿈이다.

게이 커플 데이비드와 찰리는 거절당하자 분개했다. 다른 제과점들에 가서 주문하면 쉽게 되는 일인데도 그들은 화를 참지 못했다. 그리하여 콜로라도 **시민권리위원회**(CCRC, Colorado Civil Rights Comission)와 함께 **미국시민자유연합**(ACLU, American Civil Liberty Union, 고소를 부추긴 이 단체는 2019년 1월 29일 트럼프가 공립학교에서 **성서를 가르치는 법안**을 지지하자 맹렬히 비난함)의 도움으로 **2012년 7월에 고소장**을 제출하였다.

결국, 소위 콜로라도 '시민권리위원회'와 '미국시민자유연합'이 게이 결혼 케이크 제작을 거부하는 진정한 기독교인을 고소하도록 적극 밀어붙인 셈이다. 오바마 정부 아래 반기독교적 성향의 이 단체들은 신앙심이 깊은 필립스가 콜로라도 주 차별금지법(CADA, Colorado Anti-Discrimination Acts)을 위반했다고 주장하였다.

어떻게 차별금지법을 위반했다는 고소가 가능할 수 있었을까?

그 이유는 성적 취향(Sexual preference)과 성 정체성(Gender identity)이 콜로라도 주 차별금지법에 포함되었기 때문이다.

하지만, 그 당시의 콜로라도 주 헌법은 '결혼에 대한 올바른 정의'를 포함하고 있었다. 즉, 주 헌법에서는 결혼에 관해 바른 규정을 지었다.

"이 주에서는 오직 '한 남자와 한 여자의 연합'만을 결혼으로 유효하게 인정할 것이다."

그러므로 사실은 동성 결혼 케이크를 주문한 게이 커플이 콜로라도 주 헌법을 **위반한 것**이었다. 하지만, 필립스가 올바름에도 불구하고, 벼락 후세인 오바마의 '성소수자(LGBTQ) 양성 정책'에 치우친 콜로라도 '시민권리위원회'와 '미국시민자유연합'은 주 헌법을 위반한 게이 커플의 편을 들어 고소를 부추겼다. 그들은 결혼이 **한 남자와 한 여자의 연합**이라고 밝힌 주의 헌법을 무시했다.

주 헌법을 위반한 게이 커플의 편을 들다니….

그리하여 기독교 신앙을 짓밟는 비헌법적이고 악한 고소에 '콜로라도 시민권리위원회'와 소위 '미국시민자유연합'이 앞장서서 가세하게 되었다.

2012년 12월, 주의 로버트 스팬서(Robert Spencer) 판사는 부당하게도 주 헌법을 위반한('결혼은 한 남자와 한 여자의 연합'이라는 콜로라도 주의 법을 위반) 게이 커플 편을 들어 제과점 주인 필립스가 차별금지법을 위반했다는 판결을 내렸다.

이 부당한 판결에 저항해 필립스는 강력히 반론을 제기하였다.

"나는 콜로라도 주 헌법의 결혼 정의를 따른 것입니다."

필립스가 중요한 사실을 그대로 설명했음에도 불구하고, 오바마의 성소수자(LGBTQ) 양성 정책에 깊이 물들어 이미 치우친 판사는 귀담아듣지 않았다.

그에게는 어떻게 하면 오바마를 기쁘게 할까, 즉 기독교를 박해하고 동성애, 성전환을 퍼뜨릴 수 있는지가 주요 관심인 것이다.

제과점 주인 필립스는 독실한 기독교인이다. 제과점에서 케이크를 창작하는 목적 그 자체가 하나님을 영화롭게 하는 것이다.

그러므로 '게이 결혼 케이크'를 만드는 것은 제과점 경영 목적에 위배되고 '결혼이 남녀 간의 신성한 결합'이라 믿는 기독교 신앙 양심을 버리는 것이라고 바르게 항변하였다. 그는 하나님과 신앙을 가장 우선에 두었다.

기독교 신앙을 지키려는 그의 애절한 설명과 강력한 항변에도 불구하고 버락 후세인 오바마에 치우친 콜로라도 판사는 기독교인에게 명했다.

"동성 결혼 축하 케이크 제작을 거절하지 말라"

필립스의 순수한 신앙을 파괴하는 매우 악한 판결을 내렸다.

아, 세상 통곡할 일이다!

21세기 미국에서 오바마의 '동성애 양성 정책'으로 인해 그처럼 '신앙과 양심의 자유'를 짓밟은 판결을 내리다니…. 더 나아가 제과점 직원들에게도 강제로 차별금지법의 포괄적 훈련에 참석하라는 명령도 내렸다.

또한, 주인 필립스에게 **반드시** '동성 결혼 케이크'를 만들어야 하며 앞으로 2년 동안 성적 취향에 근거해 고객을 거절하지 않았다는 보고서를 매 분기마다 꼬박꼬박 제출하라고 명령했다.

판사가 성서에서 가증한 죄로 규정한 동성애 축하 케익을 만들라고 진실한 기독교인에게 강압하면서 모든 직원들도 그처럼 해야 한다고 강압한다.

오바마 집권 8년 동안 미국은 성서를 거역하고 기독교를 파괴하는 비정상의 나라로 급속도 변질하였다.

세상이 거꾸로 돌아간다. 오바마 집권 이후, 미국이 급속도로 타락하고 추악하게 변질되어가고 있다. 이슬람을 추키고 기독교를 반대하며 파괴하는 정책들을 공공연히 시행한다. 오바마에 물든 판사가 '선'을 징벌하고 '악'을 추켜세운다. 인류 도덕과 건강을 파괴하고 에이즈와 여러 질병을 일으키는 동성 결혼을 기독교인이 반드시 축하해야 한다고 강요하면서 비이성적인 판결을 내린다.

오바마에 치우친 판사는 신앙의 자유뿐만이 아니라 경영자의 자유와 권리, 한 인간의 자유와 권리를 크게 침해하는 부당한 판결을 내렸다.

"피고는 제과점을 경영하고 케이크를 만들면서 하나님을 영화롭게 하려는 꿈을 버리시오!

그냥 돈만 벌면 되지, 하나님을 영화롭게 한다는 그런 기업 경영의 목적과 신앙을 버리시오!"

이처럼 부적절한 판결에 직면해 필립스는 매우 당황했지만, 결코 악한 판결에 굴복하지 않고 자신의 신앙 양심을 더욱 확고히 밝혔다.

나는 차라리 감옥에 가면 갔지, 절대로 신앙 양심을 더럽힐 수 없습니다.

하나님을 영화롭게 하는 것이 우리 제과점 경영의 목적입니다. '게이 결혼 케이크' 만드는 것은 기독교 신앙에 위반되기 때문에 절대로 만들지 않겠습니다.

그는 당당히 선언하였다. **그때로부터 기독교를 무너뜨리려는 오바마의 '더러운 영'의 세력과 하나님의 '성령'의 세력인 기독교인 필립스와의 불꽃 튀는 전쟁이 시작된 것이다.**

결국, 그는 동성애, 성전환자를 극도로 양성하고 높이는 **오바마 시대의 혹독한 판결**로 인해 신앙이 모독당하고 제과점 경영의 꿈과 목적이 산산이 조각나고 짓밟히는 처절한 아픔을 겪었다.

또한, 하나님의 법을 지키고 **하나님께 영광을** 돌리기 위해 동성 결혼 케이크 제작을 끝까지 거부하면서 막대한 손실을 당하고, 결국 제과점 문을 닫아야 했다. 그에게 가장 중요한 것은 **하나님과 신앙**이다.

이처럼 선한 교인이 음란한 오바마 집권 아래 신앙을 수호하기 위해 부당한 탄압과 박해를 당하는 동안, 교계와 학계의 기독교 **지도자들은** 박해당하는 신앙인 필립스의 편에 서거나 그를 적극 옹호하는 소리를 내지 않았다.

그 반대다.

교계와 학계 지도자들이 공공연히 '동성애를 두둔'하고 전통 있는 교단마저 성직자들이 동성애자라고 자신을 밝히는 **황폐한 비극**이 영화가 아닌 21세기 미국 사회의 현실 속에서 벌어진 것이다. **제과점 경영을 통해 하나님께 영광을 돌리려는 아름다운 꿈을 지닌 기독교인의 꿈과 희망을 무참하게 짓밟아 내린 버락 후세인 오바마….**

그 악한 판결 때문에 교인은 신앙을 지키기 위해 싸우지 않을 수 없었다. 그런데, **진실한 교인이 사악한 정권에 사정없이 짓밟히는 데도** 삶의 터전을 잃어버리고 고통을 당하는데도 기독교 교계와 학계 지도자들은 이상할 정도로 잠잠했다.

꿀 먹은 벙어리처럼 조용했다. 그처럼 사랑을 외치더니, 선한 교인이 악마에게 가차없이 짓밟히고 파괴당하는 데도 교회나 교단의 그 누구 한 사람 나서지 않는다. 잠자는 무덤처럼 조용하기만 하다.

사랑을 외치던 교계, 학계 지도자들은 다 어디로 갔을까?

그들은 다 어디로 갔는가?

아프리카로 여행을 떠났는가?

어디에서 무엇을 하고 있는 걸까.

필립스의 변호인은 미국연방대법원에 재심을 청구하였다. 그리고 참으로 긴 세월을 외롭게 투쟁하였다.

드디어 새날이 밝아왔다. 미국에 밝은 서광이 떠오르기 시작했다.

버락 후세인 오바마가 2017년 1월에 백악관을 떠나고 도날드 요한 트럼프가 백악관으로 들어왔다. 어둡고 음침한 반기독교, 친동성애, 친이슬람의 오바마 시대가 지나가고 **2017년 1월 20일** 미국과 기독교를 사랑하는 환하고 밝은 **트럼프의 시대가 열린 것**이다.

트럼프 대통령 행정부는 들어서자마자 백악관에서 오바마의 동성애, 성전환, 성소수자 부서를 없앴다. 오바마 시대 '친이슬람 반기독교' 정책으로 파괴된 **미국의 기독교 전통과 기독교를 다시 세우는 정책을 추진**한다.

이제 기독교인 트럼프 시대를 맞아 미국은 오바마의 친이슬람 반기독교 정책에서 벗어날 수 있게 되었다. 얼마나 다행인가… 사랑의 하나님은 **'하나님 아래 한 나라 미국'을 결코 버리시지 않으셨다.**

오바마와 반대입장인 트럼프 대통령은 기독교 신앙을 지키기 위해 투쟁하는 제과점 주인 핍립스의 입장을 **적극 옹호하고 지원하는 문서를 미국연방 대법원에** 보냈다. 동성 결혼, 성전환 등을 청소년들의 모델로 드높이고 내세워 확산시키면서 미국을 몰락으로 유도하고 기독교를 박해한 오바마와는 **반대 입장을 선언한 것**이다.

2018년 6월 4일

하늘이 미소 짓는 날, 하나님은 미국을 사랑하셨다. **트럼프의 지원을 받은 미국연방대법원은 제과점 주인 필립스에게 7:2의 압도적 승리를 안겨 주었다.**

대법원 판사 9명 중 반대한 두 명은 진보파 소토메요(Sotomayor, 여)와 긴스버그(Ginsburg, 여85세)다. 오바마의 부추김을 받은 긴스버그는 한국을 방문해 성소수자를 장려하고 한국 정부와 법원에 '동성 결혼 합법화'를 압박하기도 한 인물이다.

하나님을 사랑하는 트럼프의 새 시대, 기독교 신앙의 대승리다!

이제 새 시대에 우리 모두 죄로 뒤덮인 어두움의 옷을 벗어 버리고, **하나님의 빛의 갑옷을 입자!**

트럼프의 새 시대에 오바마의 동성애, 성전환등을 모두 벗자. 오바마 시대에 음탕한 죄의 향연, 소돔과 고모라의 유혹에 한바탕 휘말린 쾌락과 타락의 깊은 잠에서 **교단과 교회는 깨어날 시간이다.**

아, 캄캄한 죄악의 밤이 지나가고 새 시대에 찬란한 태양이 힘차게 솟구치며 떠오른다. 어두움이 물러가고 찬란하고 밝은 빛이 대지 위에 온통 쏟아진다. 이제 희망이 강열히 손짓한다.

2. 2019년 2월, 트럼프 시대 UMC 죽음으로 가지 마라! 1

동성애는 죄다! 거부해야 미국이 산다

2019년 2월

성서를 존중하고 따르는 교회와 교인들은 지금 큰 우려를 하고 있다.

도대체 교회가 왜 이럴까?

도대체 교단이 왜 정신을 못 차릴까?

이미 동성애를 끔찍이 높이고 포상하던 오바마 시대는 지나가고, 트럼프 대통령이 백악관에서 오바마의 동성애 성소수자 부서도 없애고 '군대 성전환자 금지 명령'도 내렸건만, 왜 교회 지도자들은 여전히 오바마의 동성애 정책에 휘말려 있나?

빛의 새 시대다!

이제 '죄악의 옷'을 벗자!

반기독교, 친동성애, 친이슬람 정책을 8년 동안 강력히 펼친 버락 후세인 오바마의 시대는 역사의 뒤안으로 사라졌다. 지금은 교회를 존중하고 성서를 높이며 가정을 소중히 여기는 도날드 요한 트럼프의 시대이다.

UMC(미국연합감리교)가 특별 총회(2019년 2월 23-26일)에서 동성애, 동성결혼 허용, 그리고 성소수자(LGBTQ) 목사안수 허용 등의 문제를 다룬다는 보도를 보고 또 한번 가슴이 철렁했다.

그런 기미가 보이기는 했어도 그래도 설마 UMC까지 그럴까?

더욱이, 지금은 결혼을 존중하고 가정을 소중히 여기는 트럼프 시대 아닌가?

동성애, 성전환을 높이던 오바마 8년 집권은 끝나지 않았는가?

트럼프 대통령보다도 목사들이 동성애를 더 옹호하는 기막힌 사태들을 보며 위기감을 느낀다.

'이건 아니다!

크게 잘못됐다!

UMC는 죽음으로 가지 마라!'

성소수자(LGBTQ)에게 목사안수를 허용하는 순간, 사탄의 함정에 빠진다. 하나님의 거룩한 교회이기를 포기하고 '더러운 영'이 들어와 자리 잡는 것이다. 그러나 성령과 '더러운 영'(마귀)의 세력은 함께 공존할 수 없다.

동성애를 위해 교회법을 개정하는 순간 교회와 미국의 죽음이 기다린다.

오바마의 악한 8년을 잘 견뎌낸 UMC가 트럼프의 새 시대에 와서 웬 말인가?

이런 의문이 생긴다.

미국에 왜 갑자기 동성애, 성전환자 등이 그처럼 많아졌나?

왜 갑자기 **성직자마저 동성애자라고 밝히는 초유의 비정상 사태가** 발생했는가?

모든 사건에는 원인이 있다. 원인 없는 사건은 없다. 한마디로 버락 후세인 오바마 덕분이다. 미국이 동성애, 성전환자를 양성하며 반성서적 부도덕한 나라가 되도록 변질시킨 것은 오바마다.

'오바마는 왜 그랬을까?'

'왜 미국을 LGBTQ의 나라로 만들려 했나?'

이런 질문의 대답은 오바마가 누구인지를 알면 알 수 있다.

오바마는 누구인가?

오바마는 케냐의 독실한 무슬림 가정의 아버지에게서 났고 오바마를 기른 계부도 인도의 독실한 무슬림 가정이었다. 결국, 오바마는 출생부터 또한 소년 시절 인도에서 무슬림 전통 속에서 배우고 자랐다. 그의 정신에는 코란이 있다. 그가 낀 반지도 "알라밖에 신이 없다"라고 새겨져 있다. 오바마의 마약과 동성애를 폭로한 사람은 살해당했다.

한국 속담에 "세 살 버릇 여든까지 간다"라는 말이 있다. 이는 출생부터 어린 소년 시절 이슬람 종교가 삶을 지배한 오바마, 늘 알라의 반지를 낀 그 영향이 대통령으로 당선되자 발휘되었다. **백악관 입성 이후, 본격적으로 반기독교, 친동성애, 친이슬람 정책을 펼쳤다.** 국무장관 힐러리를 통해 전 세계 이슬람 연결망도 구축했다.

이슬람의 유익을 위해 힘썼다. 그리고 대통령으로서는 극히 비정상으로 '동성애, 성전환 확장 정책'을 강력히 추진하며 기독교의 파괴를 감행한 것이다.

오바마 이전 미국은 단지 2개의 주만 동성애를 인정했는데 오바마 8년 이후, 미국은 동성 결혼을 합법화시키고 강제로 집행하는 **반성서적 나라**로 변질되었다. 오바마 이전 미국 군대는 성전환자를 금지해 한 명의 성전환자도 없었는데 오바마 집권 8년 후 이 나라는 재정을 지원해 현역 군인들에게 성전환 수술을 부추겨 미국 군대에 **성전환자가 2,000-10,000명**이 넘는다고 한다. 다행히도 트럼프 대통령이 **군대 성전환자 금지 명령**을 내렸다.

이런 오바마의 극히 비정상적인 정책들은 우리에게 무엇을 말하나?

UMC는 이 무섭고 소름 끼치는 **악마(사탄)의 기독교와 미국을 파괴하는 정책의 현 사태들을 바로 직시해 보아야 한다.** 지금 UMC가 특별 총회에서 다루려는 문제는 '기독교와 미국이 사느냐 죽느냐'의 문제다.

3. 2019년 2월, 트럼프 시대 UMC 죽음으로 가지 마라! 2

동성애는 죄다! 거부해야 미국이 산다

그 사람이 무엇을 하는가를 보면 그 사람이 누구인지를 알 수 있다. 도둑은 도둑질을 한다. **오바마가 한 일들 즉, 극도의 비정상인 동성애, 성전환 확장의 악한 정책들, 미국 군대에 성전환 수술, 한국을 비롯해 세계(주로 기독교 국가들)에 재정을 지원해 동성애, 성전환을 퍼뜨린 정책들,** 오바마의 경제 국방 정책이 동성애, 성소수자 수용 기준을 중심으로 결정된다는 것 등의 이런 비정상의 정책(미국과 기독교와 기독교 국가들에게 동성애를 내세워 파괴하는 친이슬람)들이 오바마가 누구인지를 말해주고 있다.

그러나 문제는 교회 쪽에도 있다. 교계와 학계 지도자들이 '오바마의 반기독교 친동성애, 친이슬람 정책'에 대항해 제대로 대처하지 못해 미국에 위기가 속히 왔다.

교계와 학계 지도자들이 '동성애가 죄'라는 성서의 분명한 말씀을 강력히 주장해 교회를 공격하는 사탄의 세력을 패배시켜야 했는데 그렇지 못했다.

학계도 지성의 혼란에 빠져 오바마의 동성애를 수용하는 어이없는 재앙을 일으킴으로써 교회가 더욱 흔들리 게 되었다. 그 한 예가 유명한 가톨릭 대학교다. 노트르담대학교는 2017년 5월 21일 졸업식에서 '게이 결혼'을 옹호하는 예수회 신부 보일(Jesuit Father Boyle)에게 미국 가톨릭에서 받을 수 있는 최고 영예 '라에타레 메달'(Laetare Medal)을 수여했다.

보일 신부는 2010년 '동성 결혼'(same-sex marriage)을 반대하는 미국 감독들을 공개적으로 거세게 비난한 인물이다. 대학이 악의 세력을 높이면서 합세한 것이다. 이 사건이 젊은이들과 사회에 미친 파장이 크리라!

가장 중요한 것은 **예수와 성서가 동성애를 '가증한 죄'**로 거부한다는 점이다. '예수의 십자가와 부활'의 복음을 선포하는 하나님의 교회에는 동성애의 여지가 0.001%도 없다. 잘못된 학자들의 주장이 더욱 병들게 만들었다.

우리는 다음의 것을 분명히 알아야 한다.

첫째, 예수의 생에는 동성애, 성전환 등과는 거리가 너무 멀다.

유대인들과 인류를 구하러 오신 **메시아 예수**, 거룩한 하나님의 아들 예수의 생애는 오직 **'하나님의 뜻'만을 이루는 삶이었으며 성령으로 잉태되고 성령이 본질인 거룩한 생애였다.** 거룩한 구원자인 메시아 예수의 생애에 하나님의 법을 어기고 이기주의적 쾌락을 추구하는 동성애, 성전환 등은 전혀 상반된다.

둘째, 예수의 사역은 동성애를 배제한다.

예수가 하신 사역에서 치유와 귀신 축출 사역은 직접적으로 동성애, 성전환을 일으키는 '더러운 영'의 세력들을 몰아낸다.

셋째, 예수의 설교와 교훈은 동성애를 배제한다.

예수는 하나님 나라의 복음을 전했으며, 예수의 산상 설교는 '완전 윤리,' '완전의'를 요구한다(마 5:20, 29-30, 48) 마음으로라도 죄를 범하면 안된다. 예수는 율법을 완성하러 오셨다(마 5:17-18).

넷째, 예수의 십자가와 부활에는 동성애의 여지가 전혀 없다.

인류를 구원하기 위해 멸시와 고통의 십자가를 지신 예수, 또한 부활한 거룩한 예수에게는 동성애나 성전환은 상상조차 불가능하다.

다섯째, 구약 성경은 오직 '한 남자와 한 여자'의 연합을 기초로 이루어지는 가정(창 1:28; 2:24)을 말하며, 결혼은 '한 남자와 한 여자의 신성한 결합'이고 신약 성경에도 그 외 다른 결혼은 없다. 동성 결합은 연합이지만 결혼은 아니다. 결혼에는 성서적으로, 역사적으로, 전통적으로, 오직 하나의 결혼 **남녀 간의 신성한 결합**이 있다. 또한, 이 결혼을 통해 부부와 자녀로 구성된 가족이 있다. **예수가 결혼을 말할 때 항상 결혼은 '남녀 간의 연합'이 전제(마 5:32)이며 다른 결혼은 없다.**

그러므로 UMC는 반성서적 LGBTQ를 수용하지 말아야 하며, 오바마 시대에 동성애를 범한 목사들은 회개하자. 예수가 가신 자기 부인과 하나님의 뜻을 추구하는 길(마 26:39)을 가야 한다.

예수는 우리에게 말씀하셨다.

> 누구든지 나를 따라오려거든 자기를 부인하고 자기 **십자가를 지고 나를 따를 것이니라**(막 8:34).

UMC는 성공회 장로교단이 오바마 시대 들어간 **죽음의 길**로 따라가지 마라!

오히려 이번 특별 총회에서 실수한 성직자들이 잘못을 회개하도록 이끌고, 잘못된 그 교단들도 구조하자!

성령의 역사 속에서 새 각오를 다지며 우리 마음을 성령의 역사로 채우자!

거룩한 성령의 새 바람이 불게 하소서!

UMC가 성공회 장로교단의 전철을 따라 동성애를 수용하는 죽음의 길로 들어서지 말고 오히려 빗나간 그 교단들에게 이 새 시대에는 '생명의 줄을 힘차게 던져줄 수 있기'를 바라며 기도드린다.

지금은 트럼프의 새 시대다. 오바마의 LGBTQ를 벗자!

모든 교회는 오바마 시대 죽음의 덫에서 벗어나자!

UMC는 죽음의 길로 가지 마라!

동성애를 범한 자들은 회개하고 눈물을 흘리자!

(다행스럽게도 UMC는 2019년 2월 23-26일 센트루이스에서 열린 특별 총회에서 동성 결혼과 성전환 금지, LGBTQ 목사안수를 금지하는 현재의 교회법과 전통을 굳건히 유지하기로 했다. 하나님의 은혜다. 오바마 시대에 휘말린 성공회, 미국 장로교 등도 빨리 오바마의 LGBTQ 죽음의 덫에서 벗어나야 할 시기다「크리스천타임스」, 2019.2.9] 참조).

에필로그(Epilogue)

이제는 우리 헤어져야 할 시간,
굿-바이 바이 오바마의 동성애, 성전환아!

이별의 시간이 다가온다.

굿-바이 바이(Good bye bye)….

이제는 우리 헤어져야 할 시간

굿-바이 바이,

오바마의 동성애, 성전환아!

 석양에 모자를 벗어들고 손을 흔들면서 긴 그림자를 늘어뜨린 채로 점점 어두워져 오는 산모퉁이를 향해 멀리멀리 떠나고 있다. 지는 해에 길게 늘여진 그림자를 점점 거두어 드리면서 두 나그네는 찬바람이 불기 시작한 들판을 건너 갈 길을 재촉한다.

 산모퉁이를 돌아 접어들면 여러 산들이 모습을 드러낸다. 소백산처럼 장엄하게 웅좌한 산들이 아름다운 능선을 펼치면서 여러 봉우리들을 드러낸다. 그 산봉우리들을 넘어 뿌연 안개가 골을 이룬 긴 등성이를 지나 아주 멀리로 백두대간을 잇는 태백산처럼 줄기차고 웅장한 여러 산등성이들과 기암 바위가 풍우에 깎이면서 뾰족하게 절묘한 모습을 드러낸 산줄기들이 있다.

두 나그네는 깊고 깊은 산을 돌고 돌아 능선을 타고 오를 것이다. 이제 사람들이 많은 도시에 머무르지 않을 것이다. 본래 그들은 깊고 깊은 산 속에서 살았다. 그런 데 어느 날 세계 초강국 미국 대통령 버락 후세인 오바마가 도시로 나오라고 초대장을 보낸 것이다.

깊은 산 속에 조용히 있고 싶었지만, 오바마가 어서 속히 도시로 나오라고 재촉하였다. 그래서 미국 워싱턴과 서구 넓은 세상으로 나갔다. 한국에도 들렀다. 유엔의 반기문도 이들을 대환영하면서 오바마가 지원한 재정으로 'LGBT 기념 우표'까지 발행해 세계에 돌리면서 열렬히 환영했다.

무언가에 홀린 듯한 21세기 세상 사람들은 이성을 잃고 박수를 치며 그들을 환영했다. 초강국 미국 대통령 오바마의 초청을 받아 난생처음 백악관에 들어가 인권상을 받고 돈도 넉넉히 지원받으며 메달도 수여받고 찬사도 들었다. 이전에 쌩쌩하게 냉대하던 세상 사람들이 뜻밖에 열렬히 환영해 주어 기뻤다.

그래서 오바마의 지원 아래 사람들과 함께 어울려 8여 년 동안 세상에서 뭉실뭉실 뒹굴면서 잘 지냈다.

하지만, 햇빛 이후 구름이 몰려오듯 하늘이 캄캄!

해지면 빗방울이 쏟아지듯, 그들에게 보내던 찬사와 포상이 사라져 간다. 그들을 초빙한 오바마는 백악관을 떠났고 트럼프가 백악관에 들어왔으며 모든 것이 바뀌었다. 이제 더 이상 백악관에서 오바마 시대 매년 6월에 축하해 주던 '자랑스러운 게이의 달' 행사를 열지 않는다. 미국과 국민을 사랑하는 트럼프 대통령은 그런 행사들을 **백악관에서 없앴다.**

'군대 성전환자 금지 명령'도 내렸다.

그러자 오바마에 물든 민주당 의원들이 고소한다. 이제 두 나그네를 향한 따스한 미소들이 점점 사라지고 있다. 동성애에 홀렸던 사람들은 오바마가 백악관을 떠나자, 제정신으로 점차 돌아오는 듯하다. 자주 그들을 향해 싸늘한 시선들을 보내기도 한다.

음악과 칭찬과 포상이 있고 돈과 권력과 명예가 있어 좋았는데…. 지금은 찬밥처럼 버리려는 사람들이 늘어나는 것 같아 슬프다.

그들은 느끼게 되었다.

"아, 이제 우리는 다시 돌아가야 해!

저 들을 지나 산모퉁이를 돌아 골짜기로 깊숙이 들어가 산등성이를 넘고 돌아 본래 우리 처소로 가야 해!"

그래서 모자를 집어들고 한없이 먼 길을 떠났다.

"안녕, 세상이여!

우린 다시 깊은 산속으로 돌아가요."

두 나그네는 정중하게 작별 인사를 한다.

"안녕, 오바마의 동성애, 성전환아!

이제는 우리 헤어져야 할 시간!"

"그래, 이제는 우리가 헤어져야 할 시간!"

"안녕, 안녕, 오바마의 동성애, 성전환!

Good bye bye!"

산모퉁이에 다다른 두 나그네가 모자를 벗어들고 뒤를 돌아다 본다. 그리고 멀리 보이는 도시들을 향해 모자를 벗어들고 흔든다. 한 소녀가 들녘에 있다가 응수하면서 손을 흔든다.

"안녕, 우리 떠나요."

두 나그네의 눈에 어렴풋이 눈물이 솟구친다. 너무나 도시 사람들과 정이 들었나 보다. 헤어져야 할 시간이기에 이별을 고하지만….

깊은 산속으로 다시 돌아가는 쓸쓸한 모습들이 애처롭다.

그러나 가야하리.

아스라하게 모자를 흔들면서 긴 석양의 그림자가 점점 작아지며 산모퉁이를 돌아 사라지듯 가야 하리라.

"이제는 우리 헤어져야 할시간!

굿-바이, 바이,

오바마의 동성애, 성전환아!"

하나님이 자기 형상 곧 하나님의 형상대로 사람을 창조하시되 남자와 여자를 창조하시고 하나님이 그들에게 복을 주시며 하나님이 그들에게 이르시되 생육하고 번성하여 땅에 충만하라, 땅을 정복하라, 바다의 물고기와 하늘의 새와 땅에 움직이는 모든 생물을 다스리라 하시니라(창세기 1:27-28).

God created mankind in his own image, in the image of God, he created them, male and female he created them. God blessed them and said to them, "Be fruitful and increase in number, fill the earth and subdue it. Rule over the fish in the sea and the birds in the sky and over every living creature that moves on the ground"(Genesis 1:27-28).

부록

UMC 전통주의 플랜 통과

UMC 특별총회, 전통주의 플랜 입법 상정
사진 출처 「연합감리교회뉴스」

UMC 전통주의 플랜 통과*

미국연합감리교회(UMC·United Methodist Church) 사법위원회가 2019년 4월 26일, '전통주의 플랜'(Traditional Plan) 중 일부 조항을 제외한 나머지가 교회법을 위반하지 않는다고 결론 내렸다.

UMC는 지난 2월 미국 세인트루이스시에서 열린 특별 총회에서 '인간의 성'과 관련한 47년의 논의를 마무리 지었다. 전 세계에서 온 대의원들은 동성 결혼 및 동성애자 목사안수를 금하고 결혼은 한 남자와 한 여성의 결합이라고 명시한 현 교리와 장정을 그대로 유지하는 전통주의 플랜을 통과시켰다.

특히 아프리카, 아시아 등 보수 성향이 강한지역 총대들이 동성애를 허용할수없다고 반대했다.

당시 반대표를 던진 이들은 전통주의 플랜이 교회법에 부합하는지 사법위원회에 질의했다. 사법위원회는 UMC 최고 법원이다. 한국의 헌법재판소, 미국의 연방대법원과 같은 역할을 한다. 교단에서 새로운 정책 혹은 법안을 만들 때 그것이 교리와장정에 부합하는지 여부를 판단한다.

사법위원회는 4월 23~26일 회의를 열고, 큰 그림에서 전통주의 플랜을 '합헌'이라고 판단했다. 다만 일부 민감할 수 있는 사안은 '위헌'으로 판단

---

* 본 부록은 뉴스앤조이의 이은혜 기자의 기사를 요약 발췌하였다(2019.01.28).

해, 논쟁이 계속될 수 있는 불씨를 남겨 놓았다.

먼저 사법위원회가 승인한 내용을 보면, 앞으로 UMC에서는 스스로 성소수자라고 밝힌 사람을 감독으로 선출하거나 목회자로 안수할 수 없다. 적법한 절차로 선출하더라도 커밍아웃한 사람을 감독으로 임명할 수 없다는 조항이 법을 위반하지 않는다고 판단했다.

자신이 성소수자라고 밝힌 사람이 목회자 안수위원회에서 추천받았다고 해도 감독은 그를 파송 혹은 안수하지 못하도록 했다. '인간의 성'과 관련해 교단 방침에 동의하지 않는 사람을 목회자로 추천하거나 승인하는 것 또한 금지된다. 사법위원회는 이 내용들이 모두 교회 헌법 정신을 벗어나지 않는다고 봤다. 이를 지키지 않을 경우, 최소한의 처벌을 의무화하는 조항도 인정했다.

동성 결혼을 집례한 목회자 처벌도 의무화된다. 사법위원회는 동성 결혼 혹은 동성 간 결합을 주례한 목회자가 유죄라고 판명될 경우, 첫 적발 시에는 1년 무급 정직, 두 번째 적발 때는 연회 회원 및 목회자 자격을 박탈하는 조항을 신설하는 것도 인정했다.(이은혜 기자)

사법위원회는 이 내용들이 모두 교회 헌법 정신을 벗어나지 않는다고 봤다. 이를 지키지 않을 경우, 최소한의 처벌을 의무화하는 조항도 인정했다.

동성 결혼을 집례한 목회자 처벌도 의무화된다. 사법위원회는 동성 결혼 혹은 동성 간 결합을 주례한 목회자가 유죄라고 판명될 경우, 첫 적발 시에는 1년 무급 정직, 두 번째 적발 때는 연회 회원 및 목회자 자격을 박탈하는 조항을 신설하는 것도 인정했다(이은혜 기자).

교회법과 일치하지 않는다고 판단한 부분은, 개인의 권리와 관련한 내용이다. 현행 교리와 장정에 따르면 총감독회에 고발 조치된 감독은 총감독회 결정에 항소할 권리가 있다. 하지만, 전통주의 플랜에는 피고소인 항소를 인정하지 않는 내용이 들어가 있다. 사법위원회는 이 부분이 헌법과 일치하지 않는다고 했다.

전통주의 플랜에 포함된 내용 중에는 '스스로 공언한 동성애자' 외에도 "목회 후보자 개인이 동성애를 행하고 있는지 검증해야 한다"라는 내용이 있다. 사법위원회는 이것 또한 헌법에 위배된다고 판결했다. 그뿐 아니라, 각 연회에서 동성애에 관련한 서약서를 만들지 않으면 재정적으로 불리한 처벌을 받게 한다는 청원 역시 위헌이라고 결정했다.

UMC는 지난 2월 특별 총회를 열고 '전통주의 플랜'을 통과시켰다. 이에 성소수자를 인정하자는 '하나의 플랜' 지지자들은 절망했다. 사진 출처 「UMNS」

교회법과 일치하지 않는다고 판단한 부분은, 개인의 권리와 관련한 내용이다. 현행 교리와 장정에 따르면 총감독회에 고발 조치된 감독은 총감독회 결정에 항소할 권리가 있다. 하지만, 전통주의 플랜에는 피고소인 항소를 인정하지 않는 내용이 들어가 있다. 사법위원회는 이 부분이 헌법과 일치하지 않는다고 했다.

전통주의 플랜에 포함된 내용 중에는 '스스로 공언한 동성애자' 외에도

'목회 후보자 개인이 동성애를 행하고 있는지 검증해야 한다'는 내용이 있다. 사법위원회는 이것 또한 헌법에 위배된다고 판결했다. 그뿐 아니라 각 연회에서 동성애에 관련한 서약서를 만들지 않으면 재정적으로 불리한 처벌을 받게 한다는 청원 역시 위헌이라고 결정했다.

사법위원회는 전통주의 플랜에 동의할 수 없는 사람들이 교단을 떠날 수 있도록 몇 가지 조건을 제시했다.

① 교인 총회에서 회원 2/3 이상 찬성을 얻고
② 연회가 탈퇴하려는 교회 결정에 동의한다는 내용의 합의안을 작성하고
③ 이 내용을 두고 연회 참석자 과반수 찬성으로 탈퇴를 인준하면 교단을 떠날 수 있게 했다.

특별 총회에서 전통주의 플랜이 통과된 후, 교단 내 중도·진보 세력의 저항이 시작됐다. 일부 목사는 불법인 줄 알면서도 동성 결혼 집례를 시도했다. 침묵을 지켜 온 사람들도 특별총회 이후 목소리를 내기 시작했다. 교단의 성소수자 포용 운동을 주도해 온 「화해목회네트워크」(Reconciling Ministry Network)에 합류하는 교회도 증가했다.

성소수자 관련 이슈를 종결시킬 줄 알았던 특별 총회가 끝난 뒤에도 논란이 지속하자 교단 지도부는 새로운 제안을 했다. 미시간연회 앨런 바드 감독과 텍사스연회 스콧 존스 감독은 7월, 성소수자 목사 안수와 동성 결혼에 대한 입장에 따라 UMC 재편 가능성을 내비쳤다. 2020년 5월 열릴 교단 총회에서 분립 안을 구체화하자고 제안했다.

분리·독립의 길을 걷는 게 모두에게 이롭다는 데 동의했다. 이들은 8월

14일 '인디애나폴리스 플랜'을 발표했다. 이 안에는 각자 지향대로 교리와 장정을 수정하고, 새로운 교단 이름을 정하는 동시에 원한다면 UMC도 함께 쓸 수 있게 하는 내용이 담겼다. 성소수자 포용 정도에 따라 교단을 선택할 수 있도록 했다.

모두를 포용하는 교단을 지향하는 구성원들은 'UMC넥스트'라는 모임을 만들었다. 이들은 5월, 특별 총회 결과를 받아들일 수 없다는 데 뜻을 모았다. 앞으로의 교단 향방을 논하는 비공개 모임을 열었다. 참석자들은 이 자리에서 "모든 이에 대한 모든 형태의 악과 억압에 저항한다. 연령, 국적, 인종, 문화, 성별, 성적 지향과 관계없이 모든 이를 온전히 포용하는 교회를 세울 것"에 동의했다.

UMC넥스트는 인디애나폴리스 플랜과 조금 다른 교단 분립 안을 제시했다. 기본적으로 교리와 장정에 있는 성소수자 안수 제한과 동성 결혼 제한을 없애자고 했다. 이에 동의하지 않는 교회는 자유롭게 교단을 떠나 새로운 형태의 감리회를 조직할 수 있게 하자는 것이다. 교단을 떠나려면 교회 재산 분배 등 여러 문제를 정리해야 한다. UMC넥스트 분립 안에는 성소수자에 대한 입장 차이로 교단을 떠날 때 제약을 많이 받지 않도록 관련 규정을 바꾸자는 내용이 담겼다.

두 단체는 이 같은 내용을 조금 더 다듬은 뒤, 내년 5월 미니애폴리스 총회에서 다룰 수 있도록 청원을 제출할 계획이다. 어떤 안이 통과되더라도 UMC는 성소수자에 대한 입장 차이로 분리될 것으로 보인다.

전통주의 플랜은 미국 UMC 교회들에서는 2020년 1월부터, 그 외 지역에서는 2020년 5월 총회를 마치고 12개월 후 효력이 발생한다. 다만 교단 탈퇴와 관련한 조항은 사법위원회 결정 이후 바로 적용된다.

CLC 동성애 시리즈

1. 동성애·동성 결혼과 헌법개정

최대권, 정영화, 음선필, 기현석, 정상우 지음 | 국판변형 | 144면

2. FACT 체크를 위한 동성애에 관한 10가지 질문(소책자)

아가청(아름다운 결혼과 가정을 꿈꾸는 청년 모임) 지음 | 46배판 | 16면

3. 동성애와 동성혼에 대한 21가지 질문(소책자)

아가청(아름다운 결혼과 가정을 꿈꾸는 청년 모임) 지음 | 국판변형 | 72면

4. 에이즈 전염병의 정체

글렌 G. 우드 & 존 E. 디트릭 지음 | 김재관 옮김 | 신국판 | 408면

5. 미국이 운다! 동성애

손혜숙 지음 | 신국판 | 216면

6. 동성애와 그리스도인

마크 야하우스 지음 | 정선영 옮김 | 국판변형 | 392면

7. 트럼프 대통령의 새 시대와 동성애

손혜숙 지음 | 신국판 | 184면

8. 퀴어신학의 도전과 정통개혁신학

김영한 지음 | 신국판 | 근간